빈털터리 월급쟁이의 터닝 포인트

언젠가 기회는 온다. 반드시!

빈털터리 월급쟁이의 터닝 포인트

1판 1쇄   2024년 11월 01일

지은이   고규완
펴낸이   강민철
기획·편집   강민철
디자인   고혜란
펴낸 곳   (주)컬처플러스
출판등록   2003년 7월 12일 제2-3811호
주소   03182 서울시 종로구 세종대로23길 47,
          608호 (미도파광화문빌딩)
전화   02-2272-5835
이메일   cultureplus@hanmail.net
홈페이지   http://www.cultureplus.com
ISBN   979-11-85848-23-5 (03320)

언젠가 기회는 온다. 반드시!

빈털터리 월급쟁이의
터닝포인트

고규완 지음

컬처플러스

인생 2막을 위한 '희망의 찬가'

"한 달에 책은 몇 권이나 읽어?"

올 2월로 기억한다. 설 명절을 맞아 서울서 내려온 친구가 대뜸 이런 질문을 던졌다. 뭘 잘못 먹었나. 가끔 반전 매력을 선사하는 친구였지만, 평소 그답지 않은 소리에, 속으로 왜 저러나 싶었다. 뚱딴지같았으나, 나름 진지한 표정으로 응수해주었다.

"한 달에 두어 권?"

사실 당시 나 역시 부쩍 독서에 재미를 붙이고 있었다.

내심 이 정도면 겸연쩍지는 않겠지 했는데, 웬걸 친구에게는 중과부적이었다. 8개월에 100권 넘게 봤다고 했다. 말 그대로 놀랠 노자였다.

그러고 보니 친구의 기행奇行은 이뿐만이 아니었다.

친구는 술과도 '다소' 멀어져 있었다. 작년까지만 해도 술이라면 사족을 못 쓰던 친구였다.

　뭔가 신변에 큰 변화라도 생긴 걸까. 의구심도 잠시, 시간이 흐르면서 친구에 대한 촉도 무디어 갔다.

　몇 달이 지났을까. 친구에게서 연락이 왔다.

　"책을 한 권 내려고 하는데, 추천사 좀 써줘!"

　기습적이었다.

　또 한 방 먹었지만, 그제야 감이 왔다. 친구는 일찌감치 결심이 서 있었던 모양이다. 단순히 책 한 권 내는 게 아니라 자기 삶을 돌아볼 결심.

　초고를 받아보고는 한 번 더 놀랐다. 미처 몰랐던 친구의 인생역경. 그동안 항상 미소를 띠었지만, 마냥 웃는 게 아니었구나.

　그러한 어려움을 딛고 더욱 단단히 다진 자신만의 내공….

　아무리 전공 비슷한 분야라지만, 그 깊이가 이 정도일 줄 몰랐다. 부러우면 지는 거라지만, 어쩔 수 없다.

　저자가 밝혔듯이, 책은 건강하게 돈도 벌면서 행복한 노후를 보내기 위한 일종의 팁을 담았다. 퇴직연금, 국민연금, 개인연금에다 주식투자, 세금 등에 대한 알찬 정보들을 잔뜩 차려놓았다. 직장인이라면 일상에서 마주하는 관심사들이다.

　하지만, 디테일이 살아있어서 그런지 솔직히 나에겐 좀 어렵게 다가왔다. 더구나 나는 주식의 주자도 모른다.

그래서 내 식대로 해석을 해봤다. 책은 희망을 노래하고 있다. 얼마든지 제2의 인생을 성공적으로 열어갈 수 있다는 희망.

누구를 위한? 이리 치이고 저리 치이는 대한민국의 평범한 월급쟁이들이다. 묘한 동질감을 느끼게 된다.

이쯤 되면 우리네 인생 2막을 위한 희망의 찬가라 불러도 좋겠다. 그때까지 절제하고, 자신을 잘 다스리라는 게 친구의 조언이다. 기회는 반드시 오기 마련이니까.

다음 글들을 보면, 책은 투자 안내서이면서 동시에 은퇴를 앞둔 샐러리맨들의 자아 찾기 길잡이라고 볼 수도 있다. 이런저런 이유로 포기했던 그 무엇을 찾아 떠나는 황금 여정.

"남이 나를 어떻게 생각할 것이냐에 대해서는 잊고 살아도 될 시기입니다."

"저는 은퇴 후에는 남을 위해 노동력을 파는 일은 더 이상 하고 싶지 않습니다."

"월급쟁이로 삼십 년 넘게 살아왔으면 충분합니다. 두 번째 맞는 인생은 좀 이기적이어도 내 위주로 재미있는 삶을 준비해봤으면 좋겠습니다."

"지금이라도 제 길을 다시 찾아 떠나보려고 합니다."

소박하지만, 그런 삶으로 이끌 현실적인 비법을 제시했기에 허풍으로 들리지 않는다.

마지막으로 셋째 딸 '축복이'를 낳은 후 일어난 삶의 변화는 친구의 또 다른 반전 매력을 보여준다. 근심 어린 표정으로 임신 소식을 전하는 아내에게 오히려 축복 아니냐고 안심시키고는 운동을 하고 술자리를 줄이는 등 라이프 사이클을 바꿔나가자 승진, 아파트 당첨, 정년 연장 등 행운이 잇따랐다.

건강은 말할 것도 없었다. 역시 친구다웠다. 우연이 겹쳤다고도 볼 수 있으나, 태명 하나는 참 잘 지었다.

얼마 없어 퇴직하는 친구에게는 여러 꿈이 있었다.

영화감독, 배우도 그중의 하나다. 단지 꿈만 꾼 게 아니었다. 제한적인 여건에서도 도전을 주저하지 않았다. 최근 들어서는 작가를 꿈꾸기 시작했다.

머지않아 작가로 다시 태어날 친구의 밝은 미래를 그려본다. 기어코 '플러스 인생'으로 돌려놓고야 마는 네 의지 정도라면 해낼 것이라 믿는다.

'좋아서 하는' 사람을 누가 말리겠나.

김성진 제주의소리 대표

"대한민국의 모든 월급쟁이 여러분을 응원합니다"

이 책은 빚과 더불어 살아온 월급쟁이가 32년 동안 회사생활을 하면서 빚도 갚고, 주식투자로 돈도 번 이야기입니다.

제목에서 알 수 있듯이 제 인생 전반에 걸친 경험을 토대로 어떻게 하면 실패를 극복하고 건강하게 돈도 벌면서 행복한 노후를 보낼 것인지에 관한 이야기입니다.

2023년 8월부터 한 줄 한 줄 쓰기 시작한 저의 투자 경험담을 갈고 다듬어서 이제 내놓게 되었습니다. 따라서 단기간에 돈을 벌려고 하는 분들이나 뭔가 대단하게 돈 버는 비법을 찾으시는 분들께는 적합하지 않을 수도 있습니다. 대신 실패의 쓰라림 때문에 마음고생이 많았던 분, 어느 정도 빚도 있고 월급만으로 생활하기에는 한계를 느끼고 있어서 주식투자로 돈 좀 벌어야지 했는데 정작 내가 사면 떨어지고 팔면 오르는 경험을 가진 직장인들에게 맞습니다.

주식투자로 재미를 보지 못하고 있는 평범한 대한민국 월급쟁이들께 어떻게 하면 직장생활을 하면서도 투자를 잘 할 수 있을지를 소개하는 안내서로 이해하시면 좋겠습니다.

하지만 아무래도 첫 책이다 보니 스스로 판단해도 모든 면에서 부족하다고 느껴집니다. 대화 형식을 빌려서 좀 더 친근하게 다가서려고는 했지만, 뭔가 세련되지 않고 아마추어적인 냄새가 많이 풍긴다고 느낄 수도 있을 것입니다.

그럼에도 출판해야겠다고 결심한 이유는 실제 월급쟁이로서 겪고 있는 현실에 대한 고민과 실천 방법에 대해 살아있는 이야기를 공유하고 싶어서입니다. 교과서적인 내용에서 벗어나서 당장이라도 실전에 써먹어 봄 직한 얘기 위주로 구성하려고 노력했습니다.

독자님들이 공감할 수 있는 공통분모가 있으리라 기대해 봅니다. 이와 함께 출판을 계기로 독자님들과 직접 만나서 지면의 한계로 인해 미처 표현하지 못했던 이야기도 터놓고 얘기하고 돈과 행복에 관한 서로의 의견도 나눠봤으면 좋겠다는 소박한 희망이 있었기 때문입니다.

독자님과 만나서 서로 나눠봤으면 싶은 얘기는 다양하지만, 먼저 던질 화두는 이렇습니다.

"월급쟁이 생활 팍팍하시지요? 부자가 되고 싶으신가요? 건강하고 행복한 삶을 살고 싶으시죠? 지치고 힘들 때 손잡아줄 사람은 있으신가요? 제 책으로 인해 돈도 벌고 건강도 좋아져서 행복한 삶을 살 수 있으면 좋겠습니다만, 우선은 독자님 자신을 스스로, 자기만의 가치관을 사랑해보세요.

그런 연후에 다양한 책을 많이 읽기를 바랍니다.

제 짧은 독서 경험상 행복의 기회는 책을 많이 읽은 분에게 반드시 오게 되어 있다고 믿는데, 독자님은 한 달에 책은 몇 권이나 보시나요?"

월급이 오르지 않아서 주식이 오르지 않아서 걱정인 대한민국의 모든 월급쟁이 여러분을 응원합니다.

힘내십시오.

책이 나오기까지 아낌없는 도움을 준 컬처플러스 강민철 대표님, 마케팅에 각별한 애정을 쏟아 준 인앤아웃 김현홍 대표님, 투자의 아이디어를 제공해 준 시장개발팀의 영원한 막내 박상기 부장님과 한국투자증권 황세섭 팀장님, 낯선 서울에서 살아남을 수 있도록 든든한 버팀목이 되어 준 명건축 윤재수 대표님, 동글뱅이, 我而色, 은행낭아래, 나룰FC, 춘천전우회, 못난 남편을 만나 고생한 아내 박수현 님, 사랑하는 우리 세 딸 은지·은비·은솔, 그리고 저에게 많은 가르침을 준 모든 분께 감사드립니다.

대한민국의 월급쟁이를 응원하며

고규완

차 례

1부   주식투자로 망했던 이야기

2부   터닝 포인트

3부   세컨드 라이프

4부   월급쟁이가 빌딩 없이도
월세를 받는 방법

5부   주식 실전 투자 기법

6부   세금에 관하여

월급의 의미

"월급도 많이 받고, 돈도 많이 벌었으면 좋겠습니다"

해가 바뀔 때마다 새해 소망을 물어보면 대부분 우리 가족 모두 건강했으면 좋겠다는 말과 더불어 나오는 대답이 돈에 관한 것입니다.

재미있는 것은 사람들 누구나 월급은 받는 것이라고 하고, 돈은 버는 것이라고 표현한다는 것입니다. 월급을 쇠고기로 받는 것도 아니고 분명히 돈으로 받는 것일 텐데, 월급은 많이 받고 돈은 많이 벌었으면 좋겠다고 말합니다. 월급을 주는 주체가 사장님일 테니까 월급쟁이 처지에서는 당연히 받는다고 표현할 것이고, '돈을 번다'고 할 때의 주체는 자신이니까 '번다'라고 할 수도 있겠죠. 받는 월급도 돈이고 버는 돈도 돈인데, 왜 이렇게 구분해서 말하는 것일까요?

누군가 그러더군요.

"월급은 말이야. 딱 먹고 살 만큼 줘서 그래."

나의 노동력을 팔아서 번 돈의 대가인데도 월급은 '받는다'고 표현합니다. 회사가, 사장님이 월급을 많이 주든 적게 주든, 아니면 안 주거나 못 주는 상황이 되도 어쩔 수 없기 때문에 그런 표현이 나온 것만은 아닐 것입니다. 임금이 물가상승률만큼 오르지 않으니까, 내가 필요해서 써야 하는 돈만큼 월급이 뒷받침하지 못하니까, 다시 말해 월급과 희망 소득 간의 갭이 있다 보니까 '받는다'라는 수동적인 표현을 쓰게 되었을 것입니다. 그렇다면 내가 벌고 싶은 돈보다도 월급이 많으면 벌었다는 표현을 쓸까요? 저는 그 어떤 월급쟁이도 "나 작년에 월급 많이 벌었어!"라고 얘기하는 것을 들어본 적이 없는 것 같아요. 사실 내가 벌고자 하는 돈보다도 월급을 많이 받은 예는 없었을 테니 그런 표현을 쓰지 않는 것도 당연할 것입니다.

혹시, '돈을 번다'라는 의미가 의외의 결과가 나올 수 있기 때문에 그렇지는 않을까? 라는 생각을 해봅니다. 어떤 결과 값이 나올지 모른다는 뜻이죠.

월급쟁이가 아닌 사업하는 분은 어떻게 표현할까요? '돈을 벌었다, 못 벌었다'라고 말합니다. '못 벌었다'라는 말 대신에는 물품 대금을 못 받았다, 이문이 안 남는다는 표현도 쓰지만 자기 자신이 사장님이어서 꼭 그렇게 말할까요? 내 물건을 구매한 소비자, 내 회사의 제품을 산 고객들이 낸 돈을 받은 것이므로 받았다고 표현할 법도 한데, 벌었다고 표현한

단 말이죠. 투자 개념으로 볼 때 '돈을 벌었다'는 것은 원금 말고도 이익이 났다는 의미입니다. 재미있는 것은 이익 출처에 따라서도 표현이 다르다는 것입니다. 은행 이자를 '받았다'라고 말하지 '벌었다'고 얘기하지는 않죠. 반면에 주식 매매 이익에 대해서는 '벌었다'라고 말하지 '받았다'라고 얘기하지 않습니다.

　그렇게 생각해 보니 월급쟁이의 입장에서 '받는다'와 '번다'의 개념이 좀 구분되긴 합니다. '받는다'는 것은 어떤 규칙이 이미 정해져 있다는 것이네요. 올해 연봉 협상이 타결되면 월급은 자동으로 정해져 있는 액수만큼 받게 되어 있고, 은행의 이자 또한 몇 퍼센트 준다고 정해져 있습니다. 그래서 '받는다'라고 표현하는가 봅니다. 반면 사업하는 사람은 이익이 날지, 손해가 날지 모르는 것이고, 주식 매매의 경우도 이익이 정해져 있지 않을뿐더러 잘못하면 이익은커녕 손실도 발생할 수 있으므로 '번다'라고 하나 봅니다. 결국 의외의 결과라는 것은 결괏값이 정해져 있지 않다는 것이군요.

　정해져 있는 월급은 반드시 받아야 합니다. 그래야 누구 말대로 딱 먹고는 살아야 하니까요. 그런데 사람이 먹고만 살 수는 없잖아요? 잘 먹고 잘살려면 돈이 더 필요합니다. 월급 받는 것 말고도 돈을 더 벌어야 하는 이유인 것입니다.

다시 투자 얘기로 돌아가 보겠습니다. 예금과 적금은 '든다'라고 하고 주식은 '투자한다'라고 합니다. 똑같은 돈이라도 어느 금융기관에 맡기느냐에 따라서 또 표현이 다르네요. 여기서 잠깐, 투자의 사전적 의미를 살펴보겠습니다.

투자投資란 "이익을 얻기 위하여 어떤 일이나 사업에 자본을 대거나 시간이나 정성을 쏟음" 또는 "이익을 얻기 위해 주권, 채권 따위를 사는 데 자금을 돌리는 일"을 말합니다. 이 사전적 의미에서 눈에 띄는 것은 시간이나 정성을 쏟는다라는 설명입니다.

주식투자를 하는 데 쏟는 시간과 정성, 월급을 받기 위해서 쏟는 시간과 정성 이 둘을 비교했을 때 어떤 것이 더 커야 할까요? 데이 트레이더라면 전자일 테고, 월급쟁이라면 당연히 후자일 테죠. 월급쟁이가 자기 업무에 대해 시간과 정성을 쏟는 것도 투자의 일환이라는 의미입니다. 노동력이라는 투자의 결과로 월급이라는 돈을, 즉 이익을 얻는 것입니다. 그러고 보니 월급은 그냥 받는 것이 아니라 당연히 받아야 하는 것입니다. 내 소중한 시간과 정성을 쏟은 결과물이니까요. 예전 TV에서 어느 개그맨이 한 말처럼 '월급 안 주는 사장님은 나쁜 사람'이 맞네요. 단지 월급만으로는 먹고살기 힘든 세상이라고들 얘기하는 것은 내가 투자한 노력에 비해 이익이 불어나는 속도가 더디다 보니 그렇지 않을까 싶습니다. 그런데, 우리 같은 월급쟁이의 먹고사는 원천이 다름 아닌 월급이라면 그 소중한 월급부터 생각을 다시 해볼 필요가 있지 않을까요? 받는 월급 이외에 버는 돈이 있어야 여유로운 삶을 살 수 있는 세상이니 당연히 조바심이 날 수밖에 없을 것입니다.

　나이는 먹어가는데 애들은 커가고, 평균 수명은 늘어나는데 준비해 둔 것은 없어 더욱 그렇습니다. 뭔가 새로운 물꼬를 터야 한다는 것은 피부로 느끼는데 그 방법이 제한적이라는 것에서 고민이 생기는 것이죠. 제 경험에서도 그렇지만 그렇게 시작하는 돈 버는 방법은 성공 확률을 높여주지 않는 것 같습니다.

　저 또한 받는 월급과 사용할 돈의 갭 때문에 고민이 많은 월급쟁이 중 한 사람입니다. 게다가 임금피크를 적용받고 있으므로 오히려 매년 10%씩 원금을 까먹고 있는 처지지요. 그래서인지 몰라도 요즘은 월급의 소중함을 이전보다 훨씬 크게 느낍니다.

　남들처럼 대학 나오고 군대도 다녀왔으며 취직하고 결혼도 했습니다. 서울은 아니지만 경기도에 아파트도 한 채 있습니다. 대출이자 갚느라 모아둔 돈도 없고 딸린 자녀는 세 명이나 됩니다. 그러다 보니 여기저기 돈 나갈 곳은 많은 데다, 2년 후에는 퇴직이 예정되어 있습니다.

　60세가 다 되어서 퇴직하면 누가 저를 써줄까요?

　30년 넘게 한 회사에 다니면서 저 역시도 월급으로 돈을 벌었다라고 느낀 적은 없었던 것 같습니다만 그 세월 동안 무엇으로 결혼하고 아이들 키우고 아파트 사고 빚을 갚을 수 있었을까요?

현재 연봉의 두세 배를 받으면서 스카우트되지 않는 한 우리는 월급을 해마다 높이려는 노력을 게을리해서는 안 될 것 같습니다.

월급을 올리려는 노력이나 주식을 하는 노력이나 모두 투자의 일환이니까요. 이런 얘기를 하면 워라밸work and life balance을 말씀하면서 일의 노예가 되지 말라고 하시는데, 제 경험상 직장에서의 근무 시간만큼만 업무에 몰두해도 가능하더군요. 근무 시간에만 충실히 회사 생활하면서도 퇴근 후 가정에서 가족들과 함께할 수 있는 시간은 충분히 만들 수 있는 세상인 것 같습니다. 우리가 별도로 생각하는 투자에 대한 시간도 낼 수 있습니다. 연봉이 높아지면 자연스럽게 투자의 원천 금액도 올라갑니다.

서론이 다소 길어졌는데, 월급쟁이에게 있어서 월급보다 중요한 투자의 원금은 없다는 제 나름대로 원칙을 말씀드린 것입니다. 월급을 자본으로 삼은 가운데 어떻게 투자활동을 통해 노후를 준비할 것인지, 어떻게 재투자할 것인지, 진정한 행복을 위해서 무엇을 해야 할 것인지를 이 책을 통해서 공유하고자 합니다.

이런 분들께 권합니다

　원금을 지키면서 투자를 통해 돈을 벌어야겠다는 우리의 목적을 달성하는 방법들에 대해서 같이 고민하고 공유하고 실천해보면 좋겠다는 생각을 하게 되었습니다. 생각이 여기에 이르자 과연 어떤 분들에게 <빈털터리 월급쟁이의 터닝 포인트>가 도움이 될 수 있을지에 대해서도 정리해 보게 되었습니다. 직장 생활을 하면서 제가 주로 만났던 분들을 분류했더니 크게 다섯 가지 유형이 있더군요. 이분들께 도움도 많이 받았으니 그 보답으로 책으로나마 도움이 되었으면 좋겠습니다.

　첫째, 시중에 나와 있는 돈을 번다는 재테크에 관한 다양한 책들을 봤지만, 도대체 돈은 벌리지 않는다고 하소연하는 분들입니다. 수익률이 너무 어마어마한 사례여서 엄두가 안 난다거나, 혹은 도저히 그 사람이 시간 투자하는 것처럼 따라 할 수 없거나, 너무 학문적으로 접근한 책이어서 읽어도 이해가 안 되는 경우 등 자신과 현실적으로 맞지 않는 책들을 접한 경험이 있는 분들에게 적합합니다. "이 친구 정도면 따라 해볼 만하겠네?"라는 생각이 들거나, 현실적으로 실천할 수 있는 것인지를 확인하고 싶은 분들에게 추천합니다.

　둘째, 명퇴를 하는 것이 유리한지, 아니면 정년까지 계속 다녀야 하는 것이 맞는지 한 번쯤 고민하신 분, 퇴직연금은 언제 DC로 전환하는 게 좋은지, 지금 은퇴해도 노후 준비는 충분한지에 대해 걱정이 많은 분들입니다. 상대적으로 오랜 직장생활을 통한 인생 경험을 바탕으로 나름대로 가치관이 확립되어 있다고 생각했는데도 뭔가 결정을 내리기 힘든 경우가 있을 것입니다. 제2의 인생은 온전하게 나만의 행복한 삶을 찾고 싶은 분들이 이 책을 읽었으면 좋겠습니다.

셋째, 현재의 삶이 팍팍하다고 느끼는 분들입니다. 모든 게 다 오르는데, 내 월급과 주식만 오르지 않는 데다가 정년이 연장된다고는 하는데 어떻게 된 것이 우리 회사는 자꾸 인원만 줄여서 불안감이 떠나지 않는 분, 내 집이 있지만 절반은 은행 몫이라고 말하는 분, 빚은 갚아도 갚아도 줄어들지 않아서 도무지 세상 사는 맛이 안 나는 분들입니다. 조바심 또한 클 수밖에 없는 분들이시죠. 이 책을 통해 새로운 희망이 생길 수 있었으면 좋겠습니다.

넷째, 직장 초년생입니다. 시행착오나 리스크를 미리 학습하는 효과가 있을 것입니다. 투자를 하더라도 기본적으로 매월 고정적인 수입은 있어야 하며, 은퇴 준비는 무조건 빠를수록 좋으므로 매월 어느 정도 준비를 해야 하는지를 처음부터 배우고 익힌다면 첫 단추는 무난히 끼울 수 있을 것이기 때문입니다. 진짜 돈을 어떻게 하면 벌 수 있을지를 알고 시작을 빨리할 수 있는 장점이 있는 분들입니다.

다섯째, 팍팍한 월급에 힘든 대한민국의 모든 월급쟁이입니다.

<빈털터리 월급쟁이의 터닝 포인트>를 이분들에게 권합니다.

1

주식투자로 망했던 이야기

부장에서 아웃되다

2017년 11월 30일

부장에서 잘렸습니다.

오후 4시쯤 담당 임원이 전화를 걸어 와서 사업부로 들어오라고 하더군요. 통상 마감 시간이 다 될 때까지도 독려하던 분인데 중간에 부르는 걸 보니 '우리가 그렇게 못했나?'라는 생각이 들었습니다. 그러면서도 평상시 혼낼 때의 목소리 톤이 아니어서 스타일을 좀 바꿔서 혼내려나 하며 들어가는데, 다시 전화가 와서는 사무실로 오지 말고 인근 식당으로 오라는 겁니다. 말투가 아까보다도 더 친근해졌습니다. 좀 이상하다 싶었지만 일단 상사한테 깨질 마음의 준비를 단단히 하고 식당으로 갔습니다.

"고 부장! 그동안 마음고생 많았지? 자! 술 한잔 받아."

(… 이건 뭐지?)

"그동안 고생 많았다. 내일 발령 나는데, 소비자보호센터장으로 가게 되었다. 과課 단위 센터라서 이젠 스트레스 안 받아도 된다."

그렇지 않아도 나이도 있고 해서 얼추 내년 정도면 부서장 보직을 뺄 것이라고 예상은 했었지만, 막상 그 시기가 앞당겨지니까 기분이 안 좋더라고요. 부서장 직책 수당이 사라지니 월급이 줄어드는 것도 줄어드는 것이지만 '이렇게 말 한마디로 자르나?'라는 생각에 그날은 술을 많이 먹었음에도 도통 취하지를 않고 잠도 잘 자지 못했던 것 같습니다.

그런데, 남들이 보기에는 제가 '존심'도 없었나 봐요. 다음 날 송별식에도 참석했습니다. 말이 송별식이지 마감 회의 끝나고 내년에도 잘해보자며 발령 나지 않은 부서장과 임원이 저녁 먹는 자리로 만들어진 것이어서 제가 안 가도 되는 자리였거든요. 제가 참석하지 않을 줄 알았는데, 참석하는 바람에 마감 회의 뒤풀이가 송별식도 겸하게 되어버렸습니다.

동료 부장이 그러더군요.

"그냥 하는 말이었는데, 오란다고 진짜 오십니까? 형님은 참 속도 좋으시네."

더 웃긴 것은 상무님이 한마디 하라고 하길래 상무님 이름을 부르며 건배했던 기억도 납니다. 상무님도 얄밉고 저 자신에 대한 실망도 있었을 텐데 말이죠.

뒷날 소비자보호센터로 출근했습니다. 어떻게 하면 새로운 곳에서 잘 지낼 수 있을까 다소 근심스러웠는데 신기하게도 금세 적응되더라고요. 그런데 일상에서는 아무 일 없이 괜찮다가도 꼭 잠자리에 들 때만 되면 부장에서 잘린 과정의 잔상이 떠올라서 잠을 설쳤던 것 같아요. 부장에서 아웃되고 일주일 남짓 기운 없이 지내다가 어느 날 한 통의 전화를 받았습니다. 지금 생각해 보면 그때의 통화가 제 생각을 바뀌게 된 계기가 되었습니다.

"형님! 오늘 뭐 하셔? 술 한잔 오케이?"

허 부장과의 만남 이후로 놀랍게도 삶에 대한 생각이 바뀌었습니다.

언젠가는 보직도 없어지고 미운 정 고운 정 다 든 직장마저 떠나야 하는 것이 월급쟁이의 운명일 텐데, 그 시기가 좀 앞당겨졌다고 그리 속상할 필요는 없다는 쪽으로요. 게다가 부서장이라는 타이틀도 떨어져 나가자 오히려 마음 편히 직장생활을 오래 할 수도 있겠더군요. 상사와 부하직원 눈치 볼 필요도 없고, 책임감도 상대적으로 덜했습니다. 이제 다른 것 신경 쓰지 말고 회사 업무만 충실하면 되었으니까요.

사실 55세 정년 시절에는 50세 이전에 자의든 타의든 정든 직장을 그만두던 선배들의 뒷모습을 봐왔었죠. 그런 터라 정년이 연장되어 60세까지 온전하게 다닐 수 있게 된 것만도 사실 고마운 일이죠. 업무 부담도 적고 뭐라고 하는 사람도 없으니 요즘은 30년 회사생활에서 이렇게 편하게 다녀본 적이 있었나 하는 생각이 들 정도로 즐겁게 다니고 있습니다.

매년 부서장 보직에서 물러나는 후배들에게 이런 말을 꼭 해 줍니다.

"그동안 고생 많았다. 요새 잠도 잘 오지 않지? 분해서 자다가 깨기도 하고. 그런데 말이야, 너 아니? 오히려 지금부터가 회사생활 재미있게 할 수 있다는 거. 뭐 좀 성과 낼 때마다 이번에는 임원 달 수 있는 1순위라는 희망 고문을 안 받아도 되고, 그만큼 회사에서 받는 스트레스도 줄어들 테니 말이야. 게다가 자기 나이 정도면 정년이 연장될 수도 있을 테니까 임원 단 동기보다 늦게까지 다니지 않겠니? 늦게까지 살아남는 사람이 위너Winner 인 거야. 요즘 회사 분위기도 자기 업무만 잘하면 누가 뭐라고도 하지 않잖아. 그동안 눈치 보여서 쓰지 못했던 연차도 많이 써서 여행도 좀 자유롭게 다니고 책도 좀 많이 보면서 미리 세컨드 라이프Second life를 준비해 봐!"

절친

    허 부장은 고향 후배로 일 년에 몇 차례 술자리를 같이하는 친구죠. 허 부장의 누나를 짝사랑한 것이 계기가 됐지만 어쨌든 제가 좋아서 30년 가까이 만나고 있습니다.

    부장에서 잘리고 난 후에는 저녁 먹자고 연락하는 회사 사람들도 뜸하던 차에 절친이 술 먹자고 전화가 왔으니 당연히 오케이 했죠. 오후 반차 내고 일찍 만났습니다. 이런저런 회사 뒷담화 좀 하다가 갑자기 화제가 바뀌었습니다.

    "형님! 이젠 아예 주식 끊으신 거죠?

    그때 그렇게 말아먹은 후로는"

    "갑자기 웬 주식이냐? 쓸데없는 소리 말고 술이나 먹자!"

몇 잔 마시니까 기분이 좋아졌습니다.

"그래 넌 아직도 주식 하냐? 어떻게 좀 벌었어?"

잠시 후에 들은 얘기는 가히 충격적이었습니다. 허 부장은 술 깨자며 백화점 안 어디론가로 날 끌고 갔습니다. 몇 층이었는지는 기억나지 않는데, 커피숍이 아니라 VIP가 드나드는 라운지였습니다. 안내데스크에 카드를 보여주니까 깍듯이 인사하는 직원의 태도 또한 적잖이 인상적이었습니다.

"그 카드가 뭐냐?"

알고 보니 백화점에서만 일 년에 수천만 원을 써야 발급되는 카드였습니다.

"이 색히가…?"

술자리에서 주식으로만 15억 원 넘게 핸들링한다고 했을 때도 긴가민가했는데, 백화점 VIP 라운지에서 해장 커피를 마신다?

술이 확 깼습니다.

"뭐야? 뭐 산 거야? 종목이 뭐냐고?"

바이 코리아

허 부장과의 얘기가 이어지려면 제가 어떻게 주식으로 말아먹었는지 지난 얘기부터 해야 합니다.

저의 집은 그리 넉넉한 형편이 아니었습니다. 제주도에서 자그마한 건설회사 다니는 아버지 능력으로는 다섯째인 막내아들을 서울로 유학 보내기가 쉽지 않는데, 큰형 덕분에 1986년에 서울에 올 수 있었습니다. 없는 형편이었지만 대학 생활은 그렇게 궁색하지는 않았던 것 같습니다. 하숙비를 내고 나면 가용할 돈이 적었지만 신입생 대부분이 같은 처지여서 특별히 위화감이 느껴지는 것도 아니었습니다. 대학생들의 외상술을 받아주는 사회 분위기도 한몫했죠.

1992년에 취직을 했습니다. 3개월 수습 기간이 끝나고 받은 월급은 62만 원이었습니다. 졸업 학기에 냈던 등록금이 60만 원이 좀 넘었으니까 큰돈이었죠.

그런데, 사회생활은 학생 때와는 다르더군요. 월급보다 술값이 더 나갔습니다. 모아둔 돈도 없고 매달 카드 돌려막느라 헤매던 그 시절, 회사 연수원에서 지금의 아내를 만났고 1997년 11월 21일에 결혼을 했습니다.

1997년 11월 21일!

이날은 대한민국이 IMF 구제금융을 신청한 날이기도 했습니다. 당시 본가가 있는 제주에서는 결혼식 날짜를 주말이나 공휴일로 잡는 것이 아니라, 요일에 관계없이 길일로 택일했기 때문에 평일이 걸릴 확률이 높았습니다. 그나마 다행히도 금요일이 택일 되었습니다.

결혼식이 끝나자마자 부리나케 김포공항으로 가서 제주행 비행기를 탔습니다. 제주 풍습상 부모 형제 친지가 있는 고향에서 다음 날 잔치를 또 해야 했거든요.

오후 5시쯤 캉드쉬 IMF 총재와 임창열 부총리(재정경제원 장관)가 악수하는 모습을 공항 대합실의 텔레비전에서 봤습니다. 그 후 2~3년은 저희 부부 결혼기념일 전후로 특집방송이 많이 나오더군요. 구제금융 받은 치욕을 잊지 말자고 말이죠.

1997년 11월 21일은 절대 잊어버릴 수 없는 날이 된 것입니다.

어쨌든 IMF 위기 속에서도 살아남았습니다. 하지만 IMF 구제금융을 받기 전에 진행되었던 직장주택조합이 부도가 났습니다. 아파트 부지의 선정 과정에서부터 문제가 있기는 했지만, IMF로 인해 직격탄을 맞은 것이었죠. 집 한 채 마련하겠다고 지불한 최초 중도금 3천만 원이 날아가고 말았습니다. 수단과 방법을 가리지 않고 이 돈을 되살려내야 했습니다.

대출이자는 지금 생각하면 터무니없는 10% 후반대였지만 그 정도는 고민할 수준이 아니었습니다.

망해간다던 나라는 IT 벤처 열풍을 타고 '바이코리아BUY KOREA'로 온통 장밋빛이었고, "부자 되세요~"라는 광고 카피가 새해 인사를 대신하고 여기저기에서 돈 번 사람들 얘기가 흘러나왔습니다. 상한가를 친 주식이 속출하던 시기였으므로 저도 금세 돈 벌고 아파트도 살 수 있을 것 같았습니다. 이때 베팅하지 않으면 다시는 기회가 오지 않을 것이라는 확신이 들었습니다. 그러나 확신이 천추의 한으로 되돌아오기까지는 그리 긴 시간이 필요하지 않았습니다.

너무 늦게 들어갔던 것일까요? 저도 상한가를 한 번 경험하긴 했는데, 남들처럼 몇 번 더 상한가를 갈 거라 믿었던 주식은 오히려 하한가를 몇 번 찍었습니다.

게다가 잦은 종목 변경으로 인해 미수가 쌓인 상태에서 반대 매매가 서너 차례 이뤄져 결국 잔고가 바닥났습니다.

부자의 꿈을 안고 개설한 주식 계좌는 깡통 계좌가 되었습니다. 그렇게 버블 닷컴이 마무리된 2001년에는 수중에 빚만 1억 원이 남았습니다.

2001년 1억 원은 23년이 지난 2024년 현재 가치로 환산해보면 얼마 정도였을까요? 서울시가 용산특별계획 구역을 지정한 2001년 당시 3.3㎡당 재개발 지분이 700만 원 정도였다고 하니까 대충 계산이 나옵니다.

강원도로 가다

서울에서 살 수가 없어서 지방 근무를 자청했습니다. 서울 동대문구 휘경동의 전세금을 빼서 춘천에 3천만 원 전셋집을 얻어 이사 갔습니다.

전세금 차액으로 빚의 절반 정도는 갚을 수 있었습니다. 사실 춘천으로 가겠다는 이유가 있었죠. 춘천은 제가 군대 생활을 했던 곳이라서 낯설지도 않았고, 말이 강원도이지 서울과 가까우니 언제라도 서울로 돌아올 수 있는 최적의 도시였으니까요.

춘천에서 2년을 보낸 뒤 다시 강릉으로 발령이 났습니다. 강릉에서 4년을 보냈습니다. 도망치듯 이사 갔던 강원도 생활은 오히려 저에게 새로운 기회가 되었습니다.

지방이라고 월급을 적게 주는 것도 아니었고, 서울에 비해 거주비도 저렴했으며, 애들 학원비도 많이 들어가지 않았습니다. 생활의 질이 달라졌습니다. 춘천에서는 화천~홍천, 강릉에서는 위로 속초~고성, 아래로는 동해~태백, 사시사철 강원도 곳곳을 주말마다 돌아다닐 수 있었습니다. 그러다 보니 돈을 모으지 못해서 빚이 줄어드는 속도는 더디었습니다만, 이대로 강원도에서 살아도 충분히 행복할 수 있을 것 같았습니다. 그 행복에 방점을 찍은 것은 삼척 발령이었습니다.

　삼척은 처갓집이기도 했지만, 도시 그 자체가 외국에 온 듯한 느낌을 받을 때가 많았습니다. 물회로 유명한 근덕, 경남 통영과 함께 한국의 나폴리라고 불리는 장호항, 펄떡거리는 생선이 즐비한 임원항, 저의 최애最愛 지역인 갈람 마을에 이르기까지 여기서 정년을 마쳐도 좋겠다는 생각을 했을 정도였으니까요.

　하지만 바람은 생각으로만 끝났습니다. 큰애가 초등학교 6학년으로 올라갈 때쯤 아내가 중학교부터는 서울에서 다녀야 하지 않겠느냐고 묻더군요.

2

터닝 포인트 Turning Point

축복이

아내와 고민 끝에 "서울로 가자!"라고 결정했습니다. 큰애가 중학교 들어가기 전에 서울로 가야 한다는 아내 의견을 따랐습니다. 8년가량 강원도에서 생활했으니 서울로 보내달라는 요청은 무리 없이 받아들여졌습니다.

2011년 1월에 정식으로 서울 발령이 나면서 강원도 생활도 마무리했습니다. 군데군데 백설이 쌓여있는 한겨울의 강원도를 뒤로 하고 서울로 향했습니다. 수중에 가진 돈이 넉넉지 않아 발품 팔며 강동구를 돌아다녀 봤는데 전셋값 차이가 크게 나더라고요. 결국 강동구에서는 전셋집을 구할 수 없어서 인근 경기도 하남으로 갔습니다. 아내가 장모님과 처형에게 돈을 빌릴 수 있다고 말하자 눈 딱 감고 그러라고 하여 처가 돈에 대출금을 보태 하남에 2억 원짜리 아파트를 전세로 얻었습니다.

2012년에는 셋째 딸인 막둥이가 태어났습니다. 태명을 '축복이'라고 지었는데, 이유가 있었죠.

새벽부터 아내가 저를 깨우더니 근심 어린 표정으로 큰일 났다고 얘기하는 겁니다. 무슨 일이냐며 졸린 눈을 비비면서 물었더니 임신한 것 같다는 거예요. 그때 제가 아내에게 한 말이 "뭐가 큰일이냐, 축복인 거지"라고 했다는 겁니다. 지금 생각해도 지금까지 아내에게 한 말 중 제일 멋있게 한 말이었던 것 같습니다. 사십 중반의 나이에 예상치 않게 늦둥이를 얻었으니 축복받은 것이 맞죠. 그렇게 잘 키우자는 의미였습니다.

늦은 나이에 셋째를 낳고 보니 사실 걱정은 되었습니다. 주변에서는 부럽다, 축하한다, 대단하다, 애국자가 따로 없다느니 칭찬하는데, 빚도 많이 남아있기도 했고 위로 언니 둘이 아직도 중학생이었으니까요. 칭찬하는 사람들의 마지막 눈빛이 "어떻게 키우냐?"라고 말하는 것 같기도 했습니다.

축복이가 태어난 2012년만 해도 정년은 55세였습니다. 당시 회사의 분위기로는 정년을 채우고 은퇴하는 것은 꿈도 꾸지 못하던 시절이었죠. 중간에 잘리면 막노동이라도 해야 할 판이었습니다. 그러자면 몸이 일단 튼튼해야겠다고 생각해서 시작한 것이 아침 운동이었습니다.

　이른 새벽 5시에 일어나서 미사리 경정장을 한 바퀴 뛰었습니다. 5킬로미터 정도 되더군요. 최소 6시간은 잠을 자야 한다고 생각해 역으로 계산해보니 밤 11시 이전에는 잠자리에 들어야 했습니다. 자연스레 술자리를 만들지 않게 되었습니다. 주변에서는 사람이 달라졌다고들 하더군요.

　일찍 일어나게 되니 출근도 일찍 하게 되었습니다. 남들 출근하기 전 나 홀로 텅 빈 사무실에서 여유 있게 하루일과를 준비하다 보면 여러 가지 아이디어도 떠오르고, 미처 생각하지 못했던 리스크도 발견할 수 있어서 일의 능률이 올라갔습니다. 자연스럽게 좋은 성과가 나오더군요. 사람이 달라졌다는 평이 돌았는지 뒤늦게 부장도 달았습니다.

　아파트도 당첨되었습니다. 내 집이 생겼습니다. 아이러니하게도 서울에 전세를 구하지 못해 경기도로 집을 구할 수밖에 없었던 서글픔이 결과적으로는 전화위복이 되어 행운으로 다가왔습니다. 하남의 미사지구가 보금자리로 지정되었고, 첫 청약에 당첨된 것입니다. 만약 빚 더 내서 서울에 전셋집을 구했더라면 내 집 마련은 요원했을 것입니다.

　정년도 60세로 연장되었습니다. 임금피크제도가 시행되어서 정년 전에 잘릴 일은 없어졌습니다.

이 모든 것이 셋째를 낳고부터 벌어진 일이었습니다. 막둥이가 터닝포인트가 된 셈입니다. 막둥이가 말 그대로 '축복이'였던 것은 틀림없는 사실 같습니다. 마음가짐을 달리 먹게 만들었으니까요.

그러다 보니 애 키우는 것을 힘들어하는 주변 친구들에게 농담 반으로 말합니다.

"힘드냐? 하나 더 낳아봐라! 인생이 바뀐다. 애를 돈으로 키우는 것만은 아니더라."

내 집이 생겼지만, 마냥 기쁘지만은 않았습니다. 주식에 투자해서 날려 먹었을 때 진 빚 중 아직도 남은 4천만 원과 아파트 입주로 진 빚 1억 2천만 원이 남아있었으니까요.

게다가 애가 셋입니다.

큰딸은 1999년생, 둘째 딸은 2000년생, 막내딸은 2012년생입니다. 지출은 꾸준히 늘어나는 데 반해 월급은 더디게 올랐습니다. 빚이 줄어드는 속도도 더딥니다.

1년에 한 번 나오는 성과급이 어느 정도냐에 따라서 매년 희비가 교차했고, 성과급을 받아야만 매달 적자 났던 돈을 메우는 구조가 반복되었던 터라 좌우지간 뭔가 변화가 필요했습니다.

그때 허 부장으로부터 전화가 걸려 온 것이죠.

허 부장의 투자 원칙

"뭐야? 도대체 뭘 산 거야? 종목이 뭐냐고?"

허 부장은 끝끝내 무슨 종목을 샀는지는 얘기하지 않더군요. 그 이유로 자기가 산 종목을 얘기했다가는 형님 성격에 또 말아 먹을 것이 뻔하기 때문이라네요.

'아, 더 열받아!'

"그저 운이 좋았을 뿐입니다."

허 부장은 다시 입을 열더니 조심스럽게 자기만의 투자 원칙을 얘기하면서 이렇게 할 자신이 있으면 다시 주식투자를 시작해보라고 하더군요.

"종목 발굴은 최소 6개월에서 1년까지는 10개 정도의 종목을 선정해놓으세요. 개별 종목별 추이도 보고 시뮬레이션도 하면서 5개 종목 정도로 선별한 후에, 각 종목을 같은 금액으로 매수하세요."

순이익이 꾸준히 발생하는지, 부채비율은 어떤 곡선인지, 등락 폭은 얼마이고, 배당률은 어느 정도인지를 모니터해야 판단이 선다는 것입니다. 종목 선정 시 최소 연간 20% 이상의 수익을 가져다줄 수 있는 회사인지를 나름대로 판단하고 들어간다는데, 그런 판단이 쉽지 않기 때문에 물건이 팔리고 있는 회사라면 일단 대상에 포함시키면 된다고 합니다. 수익률이 왜 20%냐고 물어보니 워런 버핏의 연평균 수익률이 그 정도랍니다.

제가 그랬던 기억이 납니다.

"그 사람이 굴리는 돈이 얼마인데, 조 단위에서의 20%와 천만 원 단위에서의 20%가 같냐? 너 같으면 20% 먹고 만족하냐?"

그때는 몰랐습니다. 허 부장이 15억 원을 핸들링한다는 걸. 모니터하면서 연습한 것과 실제 투자하는 것과는 하늘과 땅 차이이므로 실전을 경험해봐야 한다는 것입니다. 왜 금액을 동일하게 하느냐고 물어보니 자기도 신이 아닌데 어떻게 판단하는 게 맞을지는 모르기 때문에 신중하게 접근한다는 것이죠. 잦은 빈도로 하면 안 되지만, 그래도 사고팔고를 해봐야 느낌이 온다는

것입니다. 그리고 "이거다! "라고 판단한 2~3개 종목에 대해서
는 직접 회사를 방문하고, 필요하면 공장까지도 가서 봐야 한다
는 군요.

투자자라고 한 후 방문이나 견학을 요청하면 의외로 자세하게
설명해준다고 합니다. 좀 뜬다 싶은 회사에 직접 찾아가서 얻은
여러 가지 정보를 토대로 판단한 후 그 회사 주식을 산 적이 있
는지 물어보더군요.

"누가 그렇게 하냐? 설사 찾아간다고 치자. 누가 나 같은 사람
에게 얘기해 주겠어?"

아직 대기업에 지정되지 않은 코스피 상장사나, 코스닥 기업
들은 이런 기회를 제공해 줄 확률이 높답니다. 삼성전자 주식 사
기 전에 기흥이나 수원 반도체 공장에 찾아가 본 적 있냐고도 물
어보더군요.

"삼성전자 같은 우리나라 대표 주식을 사는데, 회사를 가봐야
아냐?"

그래도 가봐야 한다고 말하네요. 허 부장은 주변에 인맥 안테
나를 돌려서 반도체나 가전에 근무하는 임직원이라도 소개받아
누구 친구라는 핑계를 대서라도 찾아가 본다고 하네요. 이 부분
에서 다시 한번 술이 확 깼습니다.

"최소 2년간은 투자한 종목에서 벗어나지 마세요."

허 부장은 확실히 자신만의 투자 원칙을 가지고 있었습니다. 그러다 술자리 모임에 대해서도 물어봅니다.

"형님! 친구분들과 술 마실 때 무슨 얘기 하세요? 지난주 라운딩에서 몇 타 쳤는지, 너희 회사 분위기는 어떠냐, 애들은 인서울은 했는지, 이러다가도 결국 주식 얘기하지 않나요? 뭐 갖고 있냐, 얼마 올랐냐, 얼마 마이너스다 등등. 그러다가 헤어질 때 되면 건강해라, 자리 잘 보전해라, 다음엔 어디 가까운 동남아라도 가서 라운딩이나 하자. 뭐 이렇게 하지 않습니까?"

"그럼 넌 뭐 다른 얘기하냐?"

가만히 듣고 있던 나는 친구들 만나서 생사 확인하고 술 한잔하면 되는 거지 뭐가 문제냐고 되받아쳤습니다.

"당연히 생사 확인해야죠, 문제는 그다음입니다. 형님 또래면 사업하는 분도 계시고, 임원하는 경우도 있을 거잖아요. 어찌 보면 다양한 분야에서 나름 어느 정도 위치에 있는 사람들인데, 그냥 술만 먹고 헤어지냐 이거죠."

어느새 허 부장의 말에 귀를 기울이게 되었습니다. 잠시 눈치를 보던 허 부장이 신나게 말을 이어갔습니다.

"이왕 만난 김에 나오는 다른 분야에 대해서 물어도 보고 이러다 보면 자연스럽게 뜻하지 않은 정보를 얻을 확률이 높다는 거 아닙니까? 그럴 때 누구 하나 소개해 달라 그러는 거죠. 그 자리에서 전화 통화로 인사도 하고 그러면 나중에 따로 만날 수도 있는 거니까 방법은 여러 가지가 있지 않을까요? 형님!"

술만 처먹지 말고 모임 한 번을 갖더라고 시간을 허투루 쓰면 안 된다는 뜻이었습니다.

허 부장은 또 "확신을 가진 종목이 조금이라도 수익을 유지하고 있다면 느긋해질 필요가 있다"고 말했습니다

당일 주가가 5% 이상 떨어졌을 때 다들 불안해하기 마련이죠.

'이거 더 떨어지려나? 지금까지는 그나마 플러스였는데, 혹시 마이너스 되는 거 아냐?'

이런 생각이 들 때마다 조급해하지 말고 '그래도 아직 벌고 있는데, 뭐가 불안해?' 이런 생각을 하라는 겁니다. 설사 마이너스 수익률이더라도 장부상에는 여전히 내 주식 수량이 그대로 있는데 뭐가 문제냐는 생각으로 느긋해질 필요가 있다는 것이죠.

개미들이 큰돈을 못 버는 이유는 딱 한 가지랍니다.

좀 오르면 그나마 어디냐고 해서 빨리 팔고, 좀 떨어지면 근거 없이 금방 오르려니 하면서 대책 없이 기다리다가 낙폭이 한참 커진 다음에야 두려워서 던지기 때문에 결국 이익은 적게 보게 되고 손실은 많이 보게 된다는 겁니다. 아직 이익 실현을 하고 있는데 뭐가 문제냐, 보유한 주식 수량이 변동 없는데 뭐가 걱정

이냐는 식으로 생각을 하게 되면 좀 더 여유가 생기고 실수할 확률도 줄어든다는 것이죠.

그렇게 하기 위해서는 매일 보는 주식 창을 가끔은 쳐다보지도 않는 방법도 괜찮다는 겁니다.

주식 시세 안 보면 불안해서 어떻게 하냐고 반문하니 대답이 심플하더군요.

"형님! 주식 그거 계속 보고 있으면 떨어질 게 오르고, 오를 게 떨어집니까? 매일 사고팔 것도 아닌데 흐름만 간단히 체크하시면 됩니다."

주식 시세를 주의 깊게 볼 때는 언제 팔고, 언제 살 것인지를 결정해서 실행할 때뿐이라는 겁니다. 그 결정도 미리 정해놓은 원칙에서 하라는 겁니다. 이 종목은 50% 넘으면 당장 판다, 20% 오르면 판다, 10% 떨어지면 무조건 판다 등 처음 목표로 세웠던 원칙에서 절대 흔들리면 안 된다는 것이지요.

자신이 공부해서 선택한 종목만으로 매매한다는 것입니다. 누가 좋다고 해서 섣불리 다른 종목을 매수하는 경우는 없다라는 것입니다. 그 종목을 팔고 다른 종목을 사는 것이 아니라 추세를 지켜 보다가 해당 종목을 다시 매수한다는 식입니다. 내가 공부했고 잘 아는 주식이 그것밖에 없는데, 어떻게 모르는 주식을 사느냐는 겁니다. 그렇게 10년 넘게 했더랍니다.

"형님! 여러 가지 투자 원칙들이 있지 않겠습니까? 그 원칙을 다 지킬 수 있다면야 돈 못 벌 이유가 없죠. 예를 들어 건강에 대한 원칙이 있다고 치죠. 술과 담배를 끊는다, 매일 같이 꾸준하게 유산소 운동과 근력 운동을 병행한다, 기름진 음식이나 라면 같은 인스턴트 음식은 안 먹는다 등 이런 것을 모두 지킬 수 있으면 얼마나 좋겠습니까마는 생각과 실천은 다른 거잖아요? 건강도 그렇듯이 투자도 그럴 것입니다. 형님이 실천할 수 있는 한두 가지 원칙만 지켜도 돈 딸 확률은 높아질 수 있어요, 그게 무엇인지는 형님 스스로가 찾아내셔야 합니다. 그리고 버틸 만한 체력이 있어야 합니다. 제가 얘기하는 체력은 오로지 현금과 인내심뿐입니다."

그저 운이 좋았던 것이 아니라 수많은 시행착오를 통해 허 부장 스스로 만든 투자 원칙을 포기하지 않고 지켜낸 의지, 노력, 스트레스와 절실함의 결과물이었습니다.

허 부장 얘기를 듣노라니 궁즉통窮即通이라는 말이 퍼뜩 떠오르더군요. 공자가 죽간을 엮은 가죽끈이 세 번이나 낡아 끊어지도록 봤다는 책인 주역에 나오는 궁즉변 변즉통 통즉구窮即變 變即通 通即久의 줄임말입니다. 궁하면 변하고 변하면 통하고 통하면 오래간다는 뜻이죠.

저는 일단 궁하면 변한다는 '궁즉변'부터 가봐야겠습니다.

허 부장은 이미 '통즉구'까지 다다른 것 같습니다. 허 부장도 우리 회사에서 일찍 퇴사한 후 지금의 회사를 거치는 동안 우여곡절이 많았었는데, 그 어려움을 극복하고 온전하게 자기만의 당당한 모습으로 제 앞에 있는 게 신기하기도 하고 부럽기도 하고 존경스럽기까지 합니다.

허 부장은 운이 좋았던 것일까요?

국어사전에서는 운運을 "어떤 일이 잘 이뤄지는 운수"라고 설명하고 있는데 이를 달리 풀이해 보면 '예정대로 목표를 달성하는 힘'이라고 할 수 있겠습니다. 허 부장은 그 힘이 강해서 목표를 달성한 것이니 박수받아 마땅한 것이지요. 후배로부터 배운 게 참 많은 하루였습니다.

"내가 진짜 절실했던 적이 있었나?"

저 자신에게 물어봅니다.

마나님

마나님은 휴대폰 연락처에 저장한 아내의 이름입니다.

2년 전에 '신의 선물'이라고 했다가 최근에 아내에게 핀잔 든 이후에 원래 명칭대로 돌아간 것입니다.

무명 생활을 오래 했던 모 배우가 토크쇼에 나와서 지금 그나마 성공한 것이 아내 덕이라면서 휴대폰에 아내 명칭을 신의 선물이라고 하더군요. 이 방송을 뒤늦게 보고 '감명'받아 아내의 휴대폰 연락처를 바꿨던 것이죠.

아내가 말했습니다.

"그걸 자존심 없이 말이야. 남의 것을 빌려서 쓰고 싶어? 어떻게 된 게 창의성이라고는 찾아볼 수가 없단 말이지."

독창적이지 않다는 얘기였습니다. 차라리 마님으로 바꿀 걸 그랬나 봅니다. 사극에서 돌쇠가 마님을 그 어떠한 조건 없이 목숨을 바쳐가면서 성심성의껏 모시는 것처럼요. 상전으로 모시겠다는 뜻이니 마님으로 바꿔볼까 합니다.

아내의 고향은 강원도 삼척입니다. 남남북녀라는 말이 있죠. 분단 이후 실질적으로 대한민국의 제일 북쪽이 강원도이고, 제 고향은 제주도이므로 남쪽에 있는 저와 북쪽에 있는 아내와의 만남은 그야말로 천생연분이라고 해도 될 것 같은데 아내는 동의하지 않습니다. 왜냐구요? 서방인 제가 얼마나 형편없었으면 그랬겠습니까?

전업주부였던 아내는 최근에 학생들을 대상으로 제빵 강의를 하고 있습니다. 빵을 좋아하는 아내는 본인이 좋아하는 일을 취미 삼아 오십이 넘어서야 사회생활을 하는 셈입니다. 일주일에 이틀 정도 실습 위주로 하다 보니 준비물부터 강의 계획까지 잡느라 부쩍 바빠졌고 저녁에는 힘든 기색이 역력합니다.

강의하기 전에는 가끔 제 어깨와 허리도 주물러주고, 손톱과 발톱도 깎아줬었는데 지금은 기대할 수가 없습니다. 오히려 제가 아내 어깨를 주물러줘야 할 판인데 그렇게도 하지 않는 것을 보면 참 나쁜 남편인 것 같습니다.

생각해보니 아내는 제가 안쓰럽고 사랑하는 마음이 있어서 그리했을 텐데 저는 그것을 당연할 줄 알고 오히려 부려 먹을 생각만 했었으니 말이죠. 영화 속의 대사처럼 호의가 계속되면 그게 권리인 줄 착각했던 셈이죠.

'아내를 사랑하긴 하나?'

'아내에게 절실한 적이 있었나?'

'연애할 땐 어떻게 했었지?'

감기라도 걸린 목소리만 들어도 당장 약국 가서 감기약 사 들고 집 앞에서 기다리곤 했었는데, 결혼하고 나서는 기껏 한다는 말이 병원 다녀오라 정도가 전부였던 것 같습니다.

아내에게 미안합니다. 주식에 투자해서 말아 먹고 2년마다 전셋집 구한다고 이사 다니게 만들고, 술에 취해서 택시 기사와 싸우느라 경찰 출동한 것도 다반사여서 동네 창피해서라도 아내가 도망갈 법도 한데 용케 자리를 지켜줘서 고마울 따름입니다.

이제라도 바꿔야겠습니다.

아내가 막둥이 때문에 지방에 있는 친구 만나는 것조차 주저할 때 내가 막둥이 볼 테니까 아무 걱정 말고 며칠 편하게 다녀오라고도 하고, 국과 밥이 없으면 안 되는 제 식습관도 바꿔서 저에게 할애하는 밥 차리는 시간도 줄여줘야겠습니다. 아내가 깨우기 전에 일어나서 다시 아침 운동도 시작하고 설거지와 집안 청소도 해야겠습니다.

아내가 본인이 좋아하는 일에 시간을 쏟을 수 있도록 제 생활 방식을 바꿔야겠습니다. 적어도 남들 하는 것만큼이라도 해야 그나마 부끄럽지 않은 남편이 될 테니까요.

사랑은 내가 하는 것입니다. 연애할 때는 그랬는데, 결혼하고 나서는 180도 바뀌었습니다. 내 사람이 되었으니 사랑도 의미가 없어진 것이었을까요? 부끄럽습니다.

주고받는 게 사랑은 아닌 것이죠. 내가 이만큼을 주었으니 너도 이만큼은 해야 한다고 하는 것은 사랑이 아니라 그냥 거래일 뿐입니다.

그런데, 저는 그 거래조차도 못한 것 같습니다. 심지어 아내가 막둥이를 낳다가 출혈이 심해서 4리터나 수혈받고서야 겨우 살아났기도 했으니까요. 그때라도 제가 정신을 차렸어야 했는데 말이죠.

제 아내에게 먼저 절실해야겠습니다.

3

세컨드 라이프
Second Life

나를 되돌아보자

제가 30년 넘게 한 회사에 다니고 있지만, 어떤 해이든 간에 쉬웠던 적은 없었던 것 같습니다. 회사의 말대로라면 위기가 아닌 때는 단 한 번도 없었으니까요.

새로운 해가 시작되면 항상 위기입니다. 임직원 모두 다시 한번 정신 무장을 단단히 해서 이 위기를 극복해야 한다는 것이 매년 반복되는 메시지였던 것 같습니다. 그래서 위기를 넘겼더니 내년은 또 다른 이유로 위기입니다. 매년 위기만 극복하다 보니 30년이 금방 지나갔다는 우스갯소리도 가끔 합니다.

시키면 시키는 대로 했던 시절에는 곧잘 과도한 목표조차 달성하곤 했습니다. 상사는 역시 너밖에 없다면서 칭찬하고 독려해줍니다. 그 말 한마디로 노고가 풀리나 싶을 때는 여지없이 또 다른 목표가 추가로 부여됩니다. 너니까 가능하다면서 말이죠. 만약 목표에 미달되는 일이 발생한다면 그것은 목표가 과도했던 것이 아니라 순전히 제가 잘못한 것입니다. 분위기가 그러다 보니 내 능력으로는 목표를 달성할 수 없음에도 불구하고 저조차 제가 부족해서 벌어진 결과라고 생각하게 되는 거죠.

그러나 시간이 흘러 지금에 와서 보니 그것은 욕심이었습니다. 상사도 저도 욕심을 부린 것이지요. 저 역시 잘한다 잘한다 추켜세워주니까 괜히 우쭐대며 기본에 충실하고 본질을 보는 것에 소홀했던 것 같습니다.

예전에는 욕심이라는 것이 생각과 행동이 일치하지 않기 때문에 생긴다는 것을 몰랐습니다. 바라는 것이 이루어지지 않을 때 괴로워했던 이유가 욕심이었다는 것조차 모르고 살았던 거죠.

법륜 스님의 얘기처럼 배고플 때 밥 먹는 것은 욕심이라고 하지 않습니다. 배가 부른데도 더 먹으니 식탐이라 하는 것이죠. 그리고 결국 식탐은 건강에도 나쁜 영향을 끼칩니다.

내 능력이 셋인데 열을 하려고 하는 마음이 욕심이라고 하는 말이 맞는 것 같습니다. 흔히 본인의 능력과 사회에서 요구하는 능력을 동일시하는 경우가 있는데, 사실 그 바탕에는 누군가와 비교하고 경쟁하려는 심리가 작용해서가 아닐까요?

뭐 하고 놀까?

오십 대 중반이 넘어가면 은퇴 후에 무엇을 할 것인지에 관한 얘기가 주된 대화거리입니다.

누구는 삼십 년 넘게 일했는데, 은퇴 후에도 또 일을 하는 게 말이 되냐며 먹고 놀겠다는 친구도 있고, 또 누구는 그래도 소일 거리라도 해야 하지 않느냐는 친구도 있습니다. 삼식이 소리 안 들으려면 아침 일찍 어디라도 나가야 하는 것 아니냐는 친구도 있습니다.

몇 년 전에 은퇴한 선배 얘기를 들어보면 퇴직 후 6개월 동안 은 형수님이 엄청 잘 해줬다고 하더군요. 잔소리도 안 하고 여행 도 같이 다니고 말이죠. 근데 6개월 정도 지나니까 형수님의 태도가 조금씩 달라지더랍니다. 밥도 본인이 직접 차려서 바치기도 하는데 왜 그런지 모르겠다며 불만스러운 목소리로 말하길래 제가 그랬습니다.

"형이 집에 있어서 그런 거야. 밥만 차려놓고 나갔어야지. 그리고 이왕 밥 차린다고 한다면 패턴을 바꿔보세요. 달그락거리는 소리 때문에 형수님이 잠에서 깰지도 모르니까. 아침밥은 하지 말고 밖에 나갔다 들어오면서 장 봐 가지고 와서 저녁밥만 차리세요. 그리고 말이야, 나이 먹어서는 가족들끼리 같이 밥 먹는 거 아니래."

배우자가 특별히 눈치 주는 것도 아닌데 지레 눈치 준다고 생각하는지도 모르겠습니다만, 회사에 다녀도 은퇴를 해도 뭐 하나 쉬운 것이 없나 봅니다. 그래서 다들 뭐라도 해볼까 하는데 말처럼 쉽게 되지 않는 것이 현실입니다. 그래서 준비가 필요한 것입니다.

평일에 일하다가 주말에 쉬니까 좋은 것이고, 연차 내서 여행 가니까 달콤한 것입니다. 회사 다니면서 가끔 하는 라운딩이니까 재미있고 또 가고 싶은 것이지, 그 재미있는 라운딩을 매일 한다고 생각해보세요. 약속 잡히지 않는 날은 불안해서 스트레스가 더 쌓인다고 하더군요.

월급쟁이 할 때는 은퇴하면 모든 게 편할 줄 알았는데, 막상 은퇴해보니 돈 없는 것도 스트레스, 노는 것도 스트레스, 약속 잡는 것도 스트레스랍니다.

왜 이런 일이 벌어지는 것일까요?

다 그놈의 '백세시대' 때문입니다. 은퇴해도 은퇴한 게 아닌 시대에 살고 있는 것이죠. 죽고 싶어도 우리나라 의사 선생님들이 다 살려낸다는 우스갯소리가 있듯이 의료기술이 좋아져서 웬만하면 백 세까지는 산다는 것입니다.

'백세시대'와 '건강하게 백 세까지 사는 것'과는 별개의 문제입니다. 골골하면서 백 세까지 살 수도 있으니까요.

평균 수명이 늘다 보니 은퇴를 앞둔 분들의 공통적인 관심사 역시도 은퇴 후 먹고사는 것이 되어버렸습니다. 은퇴하기 전에 미리 이런저런 자격증 공부도 하고, 실제로 자격증도 여러 개 따놓은 선배들이 있습니다.

대단하다고 생각하면서도 어렵사리 취득한 그 자격증으로 과연 취업은 할 수 있을지 걱정도 되고, 여태 월급쟁이를 했는데 또 뭔 일을 해야 하나 싶어 답답하기도 합니다.

속 편하다고 말씀하실지 몰라도, 저는 은퇴 후에는 남을 위해 노동력을 파는 일은 더는 하고 싶지 않습니다. 불안해서 뭐라도 하고 싶은 분들께 이렇게 권해 드리고 싶습니다.

"어릴 때 꿈이 뭐였어요? 혹시, 그 꿈은 이루셨나요? 지금은 뭐 하고 싶으세요? 자격증 따는 것도 좋겠지만 지금까지 남을 위해서 일을 하셨다면 앞으로는 나 자신을 위해 일해보시면 어떨까요?"

어릴 때 노는 것만큼 재미있었던 일이 어디 있었겠습니까? 지금부터라도 재미나게 놀았던 추억을 떠올리면서 뭐 하고 놀 것인지부터 생각해보세요. 은퇴 2~3년 전부터 실천하면 더 좋겠지만, 그렇지 못했다면 일단 아무 생각 없이 놀아본 후 제일 재미있었던 것 위주로 일주일 일정표를 잡아보시기 바랍니다. 그래야 은퇴 후 생활이 재미있지요.

우리는 늘 남들과 비교하면서 또는 비교당하면서 살아왔을 겁니다. 은퇴하고서도 그렇게 산다면 너무 억울할 것 같아요. 그 비교 대상이 또 나보다 나은 사람들일 테니 말이죠.

자기 스스로에 대해 냉정하게 평가해보는 것도 중요하지만, 그동안 살아온 자신의 인생에 대해서 스스로 칭찬해주는 것은 더욱 중요한 덕목입니다. 자부심을 느끼고 살아도 될 만큼 잘하셨습니다.

은퇴 후에도 남으로부터 좋은 평가를 받아서 나쁠 게 있겠습니까마는 스트레스를 받을 정도로 남의 이목에 신경 쓸 필요는 없겠지요. 결국은 내가 어떻게 생각하느냐가 중요한 것이지 남이 나를 어떻게 생각할 것이냐에 대해서는 잊고 살아도 됩니다.

월급쟁이로 수십 년 남의 이목을 신경 쓰며 살아왔으면 충분합니다. 두 번째 맞는 인생은 좀 이기적이어도 자기 위주로 재미있는 삶을 준비해 보시기 바랍니다.

내 의지로 세상에 태어나지는 않았지만, 행복할 권리를 갖고 태어났으니 지금부터라도 그 권리를 행사해 보시기를 바랍니다. 잠잘 때마다 '그동안 잘 살아왔잖아? 이젠 행복해도 돼'라며 자신을 토닥이는 습관을 들여보는 것도 좋은 방법일 수 있습니다. 제가 부서장 보직에서 물러난 후 오히려 회사생활이 즐거워졌다고 말씀드렸습니다만, 현실을 어떻게 받아들일 것인지에 대한 생각이 있었기에 가능하지 않았을까 싶습니다.

회사도 다닐 만큼 다녔겠다, 한직으로 발령받았으니 대충 시간 때워야 했으면 아마도 하루 종일 시간이 가지 않아서 미쳐버렸을지도 모르겠습니다. 하지만, 생각을 바꾸니 시간도 잘 가고 나름 저만의 보람도 느껴지더군요.

'회사생활도 얼마 남지 않았으니 후배들에게 잘해줄 시간도 얼마 없다. 내 업무가 현장에서 처리해줘야 될 일이 대부분이지만, 현장에 있는 바쁜 후배들에게 조금이라도 짐을 덜어준다는 생각으로 일을 하면 어떨까?'

의외인데?

몇 년 전에 있었던 일입니다.

연락이 뜸하던 군대 동기인 영수로부터 전화가 왔습니다.

"고 프로! 잘 지내? 내가 요새 사귀는 사람이 있는데, 나랑 같은 돌싱이야. 근데 생각보다 어려 보이고 말도 잘 통해! 뭐 애가 둘이 딸려있지만 다 컸고, 그 친구 애들도 엄마 재혼에 대해서도 반대하지 않는다더군."

축하한다, 날 잡으면 청첩장 보내라는 덕담을 하고 통화를 끝냈습니다. 며칠 지나지 않아 여태 장가를 못 가고 있는 민수에게서도 술 한잔하자며 연락이 왔습니다.

"고 프로! 지난달에 우연히 비즈니스 관계로 만난 애가 있는

데, 미국의 모 대학에서 MBA 마치고 지금 A전자 상무로 픽업돼서 일하고 있어. 일하느라 아직 결혼 생각도 못 하고 살았대. 생각보다 말도 잘 통하고 한 달 내내 걔 만나느라 정신없지 뭐냐?"

제가 민수에게 뭐라고 했는지 아세요?

"걔가 미쳤냐? 낼모레 잘릴 부장인 너랑 만나게? 잘 살펴봐. 꽃뱀은 아닌지. 정말 전자 임원이 맞아?"

5년이 지난 지금 민수는 부사장으로 승진한 그녀랑 결혼해서 행복하게 잘 살고 있습니다. 의외였습니다. 민수에게 그런 재주가 있었나? 요즘은 얼굴 보기도 어렵습니다.

일반적인 것을 비범하게 보이게 하는 방법이 있다는군요. "그거 의외인데?" 이런 말이 저절로 나오게 하면 된다는 것입니다. 재벌 집 딸이 장교로 군대에 입대하거나, 연예인이 아프리카 오지에서 몇 년 동안 자원봉사를 한 얘기를 접했을 때 의외라는 생각이 들곤 하죠. 편견이 깨지는 순간입니다.

"생각보다 괜찮은 친구로구먼. 멋있다. 저게 진짜 노블레스 오블리주이지. 재벌이라고 다 같은 건 아닌가 봐"

정년퇴직을 앞둔 평범한 월급쟁이에게 '의외인데?'라는 생각을 만들 수 있는 게 뭐가 있을까요?

"난 있잖아. 퇴직연금, 국민연금에다가 따로 개인연금까지 합하면 60세부터 80세까지는 매달 6백만 원씩은 나와. 게다가 현금도 5억 정도는 있어. 애들 시집 보내고 막둥이와 와이프랑 그냥 먹고살 만은 해."

제가 이런 말을 하면 어떤 반응이 나올까요?

"고 프로! 그렇게 안 봤는데, 의외인걸?"

올 설날에 형에게 이렇게 물어본 적이 있었습니다.

"형! 제가 8개월 동안 몇 권 정도 책을 봤는지 알아?"

"서른 권 정도 봤나 보구만."

"더 써 봐!"

"쉰 권?"

제가 백 권 넘게 책을 봤다고 하니 뻥 치지 말라고 하더군요. 친구들도 비슷한 반응이었습니다.

저는 평소에도 한 달에 두세 권의 책은 읽었습니다. 그런데, 2023년 5월 12일부터 2024년 3월 10일까지 10개월의 기간에만 무려 130권 이상의 책을 봤습니다. 우연히 라디오에서 개그맨 고명환 씨가 작가로 데뷔한 사연을 들었던 것이 계기가 되었는데, 제가 봐도 '의외'의 일이었습니다. 짧은 시간에 많은 책을 보게 된 비결은 전자도서관이었습니다. 스마트폰으로 시간과 장소를 불문하고 볼 수 있다는 장점이 있습니다. 인터넷 포털사이트 대신에, 또는 식사, 출퇴근, 약속 등 대기 시간에 스마트폰으로 이북e-book을 보면 충분히 다독多讀할 수 있습니다.

주말에는 데스크톱 컴퓨터로 좀 크게 봅니다. 그래서 읽은 것이 아니라 본 것이라고 표현했습니다. 물론 종이 책이 느낌은 더 전달되기는 하죠. 그래서 봤던 책을 종이 책으로 주문한 비율도 꽤 됩니다. 속도가 붙으니 하루에도 두세 권을 거뜬히 본 날도 있었고 빨리 부자되고 싶었기 때문에 속도도 빨라졌습니다.

주식, 투자, 부자, 행복이라는 제목이 붙은 책은 투자서, 인문학, 소설 가리지 않고 뭐든지 봤죠. 결론을 미리 얘기하자면 책을 많이 읽는 시간만큼 행복이 쌓였습니다. 좀 더 여유로워지고 겸손해진 것은 덤이었고요. (제가 1년여 기간 동안 봤던 책은 권말 참고문헌에 기재해 놨습니다.)

책을 많이 보니까 좋은 점은 일단 뭔가 풍요로워지는 느낌입니다. 그다음은 나의 분수를 알게 되었다는 겁니다. 그 사람은 그 사람이고 나는 나라는 분간이 되니까 나의 한계가 어느 정도까지인지 알게 되고, 그러다 보니 더 이상 남과 비교하는 일이 의미가 없어지더군요. 투자에 대해서도 저만의 방식으로 돈을 굴리는 방법을 찾게 되었고, 돈에 대한 개념도 좀 더 건강하게 바뀌게 되었습니다.

우리 독자님들 모두 다양한 책을 통해서 '건강한 부자'가 되었으면 합니다.

4

월급쟁이가 빌딩 없이도
월세를 받는 방법

월세를 얼마 받길 원하십니까?

자그마한 건물조차도 없이 월급쟁이가 월세를 받는 방법이 있을까요? 월세를 받는다면 얼마 정도 받았으면 좋겠습니까?

제 지인 중 한 사람은 작은 오피스텔을 하나 분양받았는데, 월세를 60만 원 정도 받는다고 합니다. 30년 넘게 월급쟁이 하면서 노후에 월세 좀 받아보려고 투자했는데, 월세는 받지만, 액수가 크지 않다 보니 애물단지라고도 가끔 얘기합니다. 그래서 제가 물어봅니다.

"형님은 연금 얼마나 받아요?"

국민연금 외에는 개인연금도 납부 안 한 지 오래되었고, 퇴직연금은 미리 일시금으로 받아서 집 살 때 써 버려서 없다고 하더군요. 다행히 국민연금은 월 180만 원 정도는 받을 수 있다고 합니다. 국민연금에 오피스텔 월세를 합하면 240만 원 정도 됩니다. 국민연금공단의 2023년 기준 적정 노후 생활비 월 324만 원에는 80여만 원 정도가 부족합니다.

월급쟁이가 빌딩도 없는데 무슨 수로 월세를 받겠습니까? 전문가들도 많이 얘기하는 3층 노후소득 보장체계를 구축하는 것이 월세를 받는 유일한 방법입니다. 3층 노후소득 보장체계는 3층 연금 체계라고도 하는데 국민연금, 퇴직연금, 개인연금을 말합니다.

은퇴 후에도 안정적인 소득이 나오는 구조를 만들었다면 별문제가 없겠지만, 현실은 그렇지 못하죠. 여러 번 듣기는 했지만, 어떤 메커니즘으로 작용하는지 잘 모르고 있는 이 3층 노후소득 보장체계를 제대로 이해하고 잘 구축한다면 빌딩이 없어도 월세를 받는 기분이 들 것입니다.

이 3가지 연금이 준비되어 있지 않은 상태에서 노후 대비 얘기를 하자면 답을 찾기가 어렵습니다. 노후 준비가 안 되어 있으니까 부동산, 주식, 코인 등으로 준비해야 하는 것이 아니냐고 반문하는 분들도 계시는데, 저는 지금부터라도 3층 노후소득 보장체계를 마련하기 위해 실천하는 것이 답이라고 말합니다.

국민연금

국민연금이 궁핍 연금 또는 용돈 연금으로 불리기도 합니다. 국민연금 평균 수령액이 적기 때문에 나온 말이 아닌가 싶습니다.

국민연금공단에서 제공한 자료에 따르면 2023년 9월 기준 월 100만 원 이상 국민연금을 받는 인구 비율은 12.35%에 불과합니다. 월 60만 원 이하를 받는 비율이 70.32%로 대부분을 차지하니까 연금 액수가 적다는 말이 괜히 나온 얘기는 아닙니다.

가입 기간 기준으로도 한번 보겠습니다.

역시 국민연금공단이 제공한 자료에 따르면 2022년 12월 기준 노령연금의 평균 수령액은 20년 미만 가입자의 경우 월 402,375원입니다.

20년 이상 가입자의 경우는 월 981,140원입니다.

20년 미만 가입자의 경우가 용돈 연금에 해당할 수는 있겠지만 20년 이상 가입한 경우라면 용돈 연금은 아닌 셈이죠. 30년 이상 가입한 경우는 어떨까요? 우리나라 국민연금은 40년을 납부했을 경우 소득대체율이 40%가 되는 구조입니다.

국민연금제도가 1988년에 시행되었으니까 2028년까지 납부해야 40년을 채우는 것이므로 현시점(2024년)에서는 우리나라 국민 중 어느 누구도 40년을 납부한 분은 없습니다.

고등학교를 졸업하자마자 곧바로 취직한다고 해도 중간에 이직하거나 재취업 기간 등을 고려하면 30년 이상 납부한 케이스도 드문 것이 현실입니다.

소득 수준이 같다면 가입 기간이 20년인 경우에 비해 30년의 경우가 1.5배 정도 연금액이 많아집니다. 그러니까 가입 기간이 긴 만큼 유리한 것입니다.

그런데, 이 평균 수령액은 고정값이 아닙니다. 매년 물가상승률만큼을 곱해서 지급해 주기 때문에 의미가 큽니다.

국민연금공단 홈페이지를 방문해 뉴스레터를 신청했더니, 아주 유용한 정보를 제 개인 메일로 매주 보내줍니다.

연초에 받은 뉴스레터 하나를 소개해 드리겠습니다.

> ### 2024년 국민연금, 3.6% 더 드립니다!
>
> 연금액 인상, 2024 국민연금 수령액,
> 국민연금 인상, 실질 가치 보장 장치
>
> 국민연금 수급자 여러분, 모두 주목해 주세요!
> 2024년 1월 25일(연금 지급일)부터 현재 국민연금을 받고 계신 약
> 625만 명 모두의 연금액이 3.6% 인상됩니다.
> (…)
> 2014년에 최초 연금 받은 김연금 씨는 876,660원이었는데 매년
> 변동된 물가상승률을 반영한 결과 2024년에는 1,051,970원을 받
> 게 되었다.
> (…)

출처: 국민연금공단(2024.1.24.)

물가상승률을 반영하므로 연금액이 늘어난다고 했는데, 단순하게 물가상승률만으로 판단할 일이 아닌 것이 일부 구간의 소득에 해당되는 경우 연금보험료는 증가할 수 있는 구조입니다. 보건복지부에서는 매년 7월이면 국민연금 전체 가입자의 최근 3년간 평균 소득변동률(2024년 기준 4.5%)에 맞춰 기준소득월액의 상한액과 하한액을 조정합니다.

2024년 7월부터 내년 6월까지 1년간 적용되는 기준소득월액 상한액은 590만 원에서 617만 원으로, 하한액은 37만 원에서 39만 원으로 각각 인상되었습니다.

따라서 기존 상한액인 590만 원과 새로운 하한액인 39만 원 사이에 있는 가입자의 보험료는 변동이 없고 새롭게 적용된 구간에 해당되는 분만 국민연금 보험료가 올라간다고 이해하면 되겠습니다.

상한액이 정해져 있으므로 월 617만 원 이상의 기준소득이면 월 1억 원 이상을 벌어도 보험료는 동일하게 555,300원을 냅니다. 월급쟁이는 그 절반인 277,650원만 내면 됩니다. 회사가 나머지 절반을 내니까요. 평균 소득변동률 추이를 감안하면 현시점에서는 해마다 조금씩이라도 연금보험료는 더 내게 되어 있습니다.

국민연금 보험료율은 9%입니다.

월급쟁이의 경우 국민연금 보험료는 소득의 4.5%만 내면 됩니다. 회사가 4.5%만큼 내주기 때문에 이미 4.5%만큼은 이자를 벌고 있다고 보면 되겠습니다. 이만한 저축 수단은 세상에 없는 것 같아요.

국민연금이 고갈된다고 불안해하시는 분들이 많은데, 저는 이렇게 생각합니다.

"이미 연금보험료는 납부하고 있는 데다가, 우리나라가 망하지 않는 다음에야 국민연금은 지급될 수밖에 없으니 그런 걱정은 안 하렵니다."

국민연금을 조기에 수령하면 무조건 손해일까?

국민연금은 조기 수령하면 손해가 발생하는 구조입니다. 그러니까 예정된 나이에 맞춰 수령하는 것이 바람직합니다. 그런데, 세상일이라는 것이 모두 그렇게 평탄하게만 흘러가지는 않죠. 조기 퇴직하거나, 생활비가 부족한 경우에는 빚을 낼 수 없으니 그나마 국민연금이라도 일찍 받아서 써야 할 것입니다.

그렇다면 얼마나 손해가 날까요?

국민연금은 지급이 예정된 연령보다 1년 일찍 받을 때마다 6%씩 삭감되게 되어 있습니다. 아무리 일찍 받는다고 해도 예정되어 있던 나이보다 5년까지만 당겨 받을 수 있습니다. 최대 5년을 조기 수령한다면 삭감률은 26%가 넘습니다. 예정된 연금 수령액 대비 1년을 조기 수령하면 94%, 2년 조기 수령 시에는 88.36%, 3년 조기 수령 시에는 83.06%, 4년 조기 수령 시에는 78.07%, 5년 조기 수령 시에는 73.39%만큼을 받게 됩니다. (계산 방법: 예정된 연금 수령액 × 94% × 94% × 94% × 94% × 94%)

원래 월 100만 원의 연금을 받기로 되어 있었다면 5년을 일찍 받으면 월 73만 원 정도밖에 못 받으니 당연히 손해가 나는 것이죠. 하지만 당장 한 달에 70만 원이라는 생활비라도 있어야 하는 상황이라면 어떻게 해야 할까요?

손해 여부를 떠나서 생존의 문제입니다. 저도 은퇴 시점에 막둥이가 중학교에 다니다 보니 은퇴하자마자 국민연금을 받아야 하는 상황입니다. 소득이 단절된 상태일 것이니까요.

저는 예정대로라면 64세에 국민연금을 받게 되어 있습니다. 설사 정년을 꽉 채운 60세에 은퇴를 한다고 해도 국민연금을 받기까지는 4년의 공백, 이른바 연금 크레바스가 생기는 것입니다. 다들 손해 본다고 만류하지만 저는 절실하니까 당연히 계산을 해봤습니다.

여러 차례 시뮬레이션해보고 고민 끝에 4년 일찍 받아서 60세부터 조기 노령연금을 수령하기로 결정했습니다. 매년 6% 정도 삭감되어서 60세부터 예정보다 22% 정도 삭감된 연금을 받겠지만, 막둥이 학원비와 생활비 등을 감당하려면 어쩔 수 없습니다. 일단 결정을 하고 나니 그동안 안 보였던 것들이 서서히 눈에 보이기 시작하더군요.

돈이 집중적으로 많이 들어가는 시기가 언제인지, 80세 이후 돈의 효용 가치는 어떠할지 등에 대한 의미 부여가 생긴 것입니다. 일부에서는 "국민연금이 고갈될 것 같으니까 미리 받고 보자", "오래 살지 못할 수도 있으니 일찍 받는 게 낫다"라고들 합니다. 국민연금의 고갈은 수학적 추론으로 가능하다고 해도 인간의 수명은 그야말로 신의 경지입니다.

이런 예측이 가능한 분은 국민연금이니 주식이니 생각하지 말고 당장 점집을 차리는 게 나을 듯싶습니다.

은퇴 후 연금 크레바스라는 공백기가 없다면 고민 없이 정해진 나이에 연금을 수령하면 됩니다. 그렇지 않고 공백기가 있거나, 그 공백기만큼을 메울 수 있는 마땅한 방법이 없다면 노령연금은 조기에 수령하는 것이 차선책일 수 있습니다. 제가 조기 수령을 결정하고 난 후 새로운 의미를 부여할 수 있게 되었다라고 했잖아요? 지금부터 그 근거를 말씀드리겠습니다.

일단, 제가 노령연금을 4년 앞당겨서 60세에 조기 개시했을 때와 예정된 64세에 받았을 때를 <표 1>을 통해서 비교 설명해 드리겠습니다. 제가 4년을 앞당겨서 60세에 조기 연금을 받기 시작할 경우, 82세까지는 누적액이 많다가 83세부터는 역전되어 64세에 받기 시작할 경우보다 적어집니다. 단순하게 비교해보면 제가 82세까지 살면 이익이고 83세 이상 살면 손해로 나오는군요.

조기 수령 시 86세 시점에서의 총연금 액수는 2,500만 원가량 적은 것으로 나옵니다. 다음으로는, 83세 시점의 연금 액수를 살펴보겠습니다. 4년 일찍 받은 경우는 252만 원이고 예정대로 받을 경우는 296만 원입니다. 한 달에 44만 원 정도가 차이 납니다. 80세 넘어서 월 40만 원 이상이면 차이가 크겠다고 생각할 수도 있겠지만, 조기 수령을 해도 83세에 252만 원의 국민연금을 받습니다.

<표 1> 국민연금 조기 수령 시 비교표 (단위 : 천원)

지급 연령	월 지급액		총수령액	
	60세 개시	64세 개시	60세 개시	64세 개시
60	1,600			
61	1,632			
62	1,665			
63	1,698			
64	1,732	2,033		
65	1,767	2,074		
66	1,802	2,115		
67	1,838	2,157		
68	1,875	2,201		
69	1,912	2,245		
70	1,950	2,289		
71	1,989	2,335		
72	2,029	2,382		
73	2,070	2,430		
74	2,111	2,478		
75	2,153	2,528		
76	2,196	2,578		
77	2,240	2,630		
78	2,285	2,683		
79	2,331	2,736		
80	2,378	2,791		
81	2,425	2,847		
82	2,474	2,904	522,540	522,375
83	2,523	2,962	552,223	557,218
84	2,573	3,021		
85	2,625	3,081		
86	2,677	3,143		
누적액	678,611	703,702		
차액		25,091		

빈털터리 월급쟁이의 터닝 포인트

금액 차이보다는 얼마를 받느냐가 더 중요하게 느껴지는 연령대입니다.

83세에도 자유롭게 해외여행을 다닐 만큼 건강을 유지하고 있다면 좋겠습니다만, 그 나이에 병원비나 손주 용돈 등을 제외하고는 별로 돈 쓸 일도 많지 않을 시점이므로 83세에 월 252만 원은 적은 돈이 아니죠.

마지막으로, 예정대로 받기로 한 64세 시점에서의 금액 차이를 비교해보겠습니다. 60대는 돈 쓸 일이 많은 연령대입니다. 4년 조기 수령한 경우의 노령연금은 173만 원이고 예정대로 64세에 받는 경우의 노령연금은 203만 원입니다. 대략 월 30만 원이 차이가 나는데 느낌이 어떨지 궁금하네요. 4년 앞당겨서 개시했지만 조기 수령을 해도 해마다 물가상승률을 곱해주니까 추가적인 격차가 벌어지지 않는 수치가 나옵니다.

별도의 소득이 없는 60~63세에 월 160만 원이라는 돈이 있는 것과 없는 것의 차이는 말 그대로 하늘과 땅 차이입니다. 국민연금의 장점은 가만히 있어도 죽을 때까지 물가상승률을 곱해서 지급해 줍니다. 그러므로 조기에 수령해서 기본 연금액이 줄어들었다고 해도 물가상승률 덕분에 안정적인 자금 흐름은 이어질 수 있는 것입니다.

제 말을 듣고 있던 영철이가 갑자기 계산기 두드리면서 이렇게 얘기하더군요.

"고 프로! 네가 60세부터 4년을 미리 받은 금액이 총 7,753만 원이잖아! 그런데 이 돈을 4년 동안 모았다가 5%짜리 예금에만 넣어도 이자가 385만 원(이자소득세 15.4%를 제하면 325만 원)이 나오는구만. 게다가 원금 7,753만 원은 그대로 있으니 그 자체로도 이익 아냐? 나 같으면 미리 받아서 그 돈을 예금에 넣겠다."

물론 단순 계산으로도 그렇고, 미리 받은 국민연금을 쓰지 않고 모은다면 틀린 얘기는 아니겠죠. 그러나 생활비가 충분한데도 이런 계산을 염두에 두고 국민연금을 조기 수령한다는 발상에 대해서는 "글쎄요"라고 답할 것 같습니다.

국민연금을 조기 수령하겠다는 결정은 생활비가 충분하지 않기도 하거니와 그 시기에 쓸 데가 많기 때문이니까요. 국민연금은 노후에 사용하기 위한 목적에 충실하면 된다고 봅니다. 연금 크레바스 기간이 없다면 조기 수령할 필요 없이 예정대로 정해진 나이에 받으면 됩니다.

은퇴 시기와 국민연금의 수령 시기가 일치하지 않아서 연금 크레바스가 발생하는 분들은 국민연금공단을 방문해 상담받거나 '내 곁에 국민연금' 앱을 통해서 반드시 시뮬레이션해보시기를 바랍니다.

느낌이 확실히 옵니다.

국민연금을 더 받는 방법

국민연금과 관련해서는 매년 1월을 주목하셔야 합니다.

우리나라는 매년 1월이 되면 전년도 물가상승률을 반영하여 노령연금을 다시 산출해줍니다. 스마트폰에 국민연금 앱 '내 곁에 국민연금'을 설치해서 1년에 한 번 정도는 노령연금이 전년과 비교해서 얼마나 더 늘어났는지를 체크해 보시기 바랍니다.

특히, 주식 하락할 때 등 여러 가지 스트레스를 받을 때마다 국민연금 앱을 열어서 노령연금을 계산해보면 갑자기 정신이 맑아지는 경험을 해보실 수 있습니다. 저는 스트레스 받을 때마다 보험회사에 가입해 둔 보험의 약관대출 금액이 얼마나 늘었는지 조회해 봅니다. 여기에 추가로 매년 1월 국민연금이 얼마나 늘었는지를 조회해 보는 것도 새로운 위안거리입니다.

명퇴 등으로 인해서 60세 납부 이전에 그만둔 경우 지역가입자로 60세까지 납부하는 것이 유리한지, 납부하지 않는 게 유리한지도 비교해 보겠습니다.

제가 57세에 직장을 그만두고 3년 동안 국민연금을 납부하지 않은 상태에서 64세에 연금을 개시하면 월 192만 원을 받습니다. 애초 203만 원 대비 11만 원을 덜 받습니다. 3년 동안 대략 2천만 원 정도의 보험료를 내지 않으니까 60세를 기준으로 얼마 남지 않은 분들은 납부하지 않는 것도 하나의 방법으로 생각해 볼 필요는 있겠습니다.

그렇다면 여기서 끝일까요? 아닙니다. 국민연금은 가입 기간이 늘어날수록 유리하므로 출산 크레딧과 군복무 크레딧 제도를 활용하면 좋습니다. 앞에서 말씀드린 국민연금 앱에 들어가서 계산하면 연금이 얼마나 더 늘어나는지를 금방 확인할 수 있습니다.

출산 크레딧은 2008년 1월 2일 이후, 둘째 자녀 이상 출산한 경우부터 적용되어 자녀 수에 따라 최소 12개월부터 최대 50개월까지 가입 기간을 추가로 인정해줍니다. 저는 셋째인 막둥이가 있어서 18개월까지 가입 기간이 추가로 인정된다고 합니다.

군복무 크레딧은 2008년 1월 1일 이후 입대한 경우부터 적용되니까 저는 해당하지 않네요. 군복무 크레딧은 군 복무 기간만큼의 연금보험료를 내면 6개월의 가입 기간을 추가로 인정해줍니다. 연금보험료를 추가로 내야 하는 만큼 계산해서 실익을 따져봐야 합니다. 2011년 1월 이전에 육군과 공군에 입대한 분들을 기준으로 24개월을 잡아보겠습니다.

회사에 다니고 있는 상태에서 추납할 때는 회사 분인 4.5%까지 근로자가 부담해야 합니다. 2024년 7월 현재, 소득 617만 원이 상한 소득액이므로 지역가입자의 보험료율인 9%를 24개월

치 계산하면 13,327,200원을 납부하게 됩니다. (계산 방법: 24개월 ×

555,300원(617만 원 × 9%)=13,327,200원)

일시납으로 납부할 수도 있고, 나누어 낼 수도 있습니다. 13,327,200원을 더 내면 얼마를 더 받을 수 있을까요? 아쉽게도 월 13만 원 정도밖에 안 늘어나네요. 24개월만큼의 보험료를 냈지만 추가 가입 인정은 6개월만 해주기 때문입니다. 얼핏 목돈이 나가니까 손해인 듯 보입니다만 그렇다고 의미가 없을까요?

군복무 추납을 현재 직장을 다니고 있는 상태에서 하지 않고 소득이 없을 때 하면 얘기는 좀 달라집니다.

소득이 없으면 중위소득 레벨로 계산합니다. 현재 중위소득은 월 100만 원으로 책정되어 있습니다. 소득이 없는 55~60세 사이에 추납을 하면 기본연금 보험료가 중위소득의 9%로 적용되어 월 보험료는 9만 원만 내면 됩니다.

9만 원 × 24개월 = 216만 원.

소득이 있을 때 추납하면 1,300만 원이 넘는 보험료를 내야 했지만 소득이 없을 때 추납하니까 216만 원만 드네요. 무려 1,000만 원 이상 덜 내고도 연금 액수는 동일하게 월 13만 원으로 늘어납니다. 216만 원의 추납 금액이라면 일시불로 내도 크게 무리가 가지는 않을 듯싶습니다.

향후 6개월만 인정해주던 추가 납부 기간을 군복무 전 기간으로 확대해준다는 논의도 있는 만큼, 이 부분이 확정된다면 군복무 추납은 안 할 이유가 없겠습니다.

중간에 퇴직한 후 일정 기간 구직급여(실업급여)를 받으시는 분은 실업 크레딧 제도를 기억하시기 바랍니다.

실업 크레딧이란 구직급여를 받는 동안 국가에서 국민연금 보험료의 75%를 지원해 실직 중 보험료 납부 부담도 덜어드리고 향후 받는 국민연금액도 늘려드리는 제도입니다. 구직급여를 받는 기간 중 최대 1년을 지원하는데, 최대 지원 기간(1년) 내에서는 구직급여를 반복해서 받는 경우 재신청도 가능합니다.

국민연금 월 보험료의 75%를 국가에서 지원해준다고 말씀드렸는데, 실직 전 3개월 평균임금의 1/2, 최대 70만 원까지를 인정소득으로 잡아줍니다. 인정소득이 최대 70만 원인 경우 본인은 월 15,750원만 내면 국가에서 47,250원을 지원해줘서 월 보험료를 63,000원으로 만들어 줍니다.

통상 구직급여를 9개월까지 받는다고 가정할 때, 9개월 동안의 납부 기간이 추가되는 것이고, 그만큼 연금 지급액이 올라가는 것이니만큼 고용지원센터에서 구직급여를 신청할 때 실업 크레딧도 신청하겠다고 얘기하셔야 합니다. 구직급여 신청서의 실업 크레딧 항목을 체크하기만 하면 되니까 절차도 아주 간단합니다.

단, 실업 크레딧 신청 시 체크해야 할 항목이 있는데, 재산과 금융소득 부분입니다. 과표기준 재산이 6억 원을 초과하지 않고, 이자나 배당소득이 연간 1,680만 원이 넘지 않으면 무사통과입니다.

국민연금은 60세까지 납부하도록 의무화되어 있습니다. 60세 이전 퇴직 시 통상적으로는 월 50만 원의 소득 발생 시 지역가입자로 직권 가입시키는 경우도 있고, 근로소득이나 사업소득이 있으면 60세까지 납부하셔야 합니다.

국민연금은 본인이 연금 받는 연도의 생일이 속한 다음 달 25일에 지급됩니다. 만약 내가 1월생이면 국민연금은 2월 25일에 지급된다는 얘기입니다. 대한민국의 국민연금 가입자는 매월 25일을 나라로부터 '월세 받는 날'이라고 기억하고 있으면 되겠습니다.

국민연금 앱으로도 충분히 시뮬레이션이 가능하지만 시간을 내서 가까운 국민연금관리공단을 방문해서 상담을 받아보시기를 권합니다. 우선 직원분들이 엄청 친절합니다. 혹시라도 중요 사항에 대해 질문하지 않았어도 콕 집어서 알려줍니다. 추납 제도를 비롯한 국민연금 가입 기간을 늘리는 방법에 대해 안내를 받고 자그마한 책자도 받아 오시기 바랍니다.

<국민연금 가입 기간 늘리는 방법>

반납금 제도	과거에 수령한 반환일시금을 반납해 가입 기간을 복원할 수 있는 제도
추납 보험료 제도	소득이 없어 납부 예외 되었던 기간의 보험료를 납부해 가입 기간을 늘릴 수 있는 제도
미납 보험료 납부	미납 보험료를 납부해 가입 기간을 늘리는 제도
임의 계속 가입 제도	50세가 되었으나 가입 기간 부족으로 연금을 받지 못하거나 연금액을 늘리고자 할 경우 65세까지 신청해 가입할 수 있는 제도
출산 크레딧	2008년 1월 1일 이후 둘째 자녀 이상을 출산한 경우 자녀 수에 따라 최소 12개월에서 최대 50개월까지 가입 기간을 추가해 주는 제도
군복무 크레딧	2008년 1월 1일 이후 입대해 병역의무를 이행하였을 때 6개월의 가입 기간을 추가로 인정해주는 제도
실업 크레딧	구직급여를 받는 기간 동안 연금보험료의 납부 시 가입 기간을 추가 산입(최대 1년)해 주는 제도

부부가 같이 받는 국민연금의 효과

소득이 없을 때 군복무 추납은 효과 있다는 말씀을 드렸는데, 떠오르는 분이 있지 않으세요? 바로 소득 없는 배우자입니다.

우리나라는 부부가 같이 국민연금에 가입했을 때 부부 중 한 명이 사망하면 본인의 노령연금도 받고 사망한 배우자의 유족 연금도 100%를 받을 수는 없습니다. 유족연금이 삭감되는 구조입니다. 유족연금 액수는 사망한 배우자의 가입 기간이 20년 이상의 경우 기본 연금액의 60%입니다.

시중에 떠도는 둘 중 한 명은 못 받는다는 것은 와전된 얘기이지만, 어쨌든 불리한 조건이고 손해를 보는 구조이므로 국민연금 활성화를 위해서는 개선이 필요한 것도 사실입니다.

부부가 같이 국민연금을 받다가 배우자가 사망할 경우에는 두 가지의 수령 방식이 있습니다. ①배우자의 유족연금(사망한 배우자 연금의 60%) ②본인의 노령연금과 배우자의 유족연금의 30% 다시 말해 배우자의 유족연금을 받겠다고 하면 본인의 연금은 못 받습니다. 생존하는 배우자는 ①과 ② 중에서 하나를 선택해야 합니다. 이런 이유로 소득이 없는 배우자의 경우 국민연금 가입을 꺼립니다. 제 아내도 마찬가지였습니다.

처음에는 설득하기가 쉽지 않았습니다.

"여보! 당신도 국민연금 가입하는 게 어때? 한 달에 13만 원만 내면 65세부터 45만 원 정도의 연금을 매달 받을 수 있거든. 그렇게 되면 내 연금과 당신 연금을 더하면 200만 원 넘는 연금이 나오니까 어때?"

"당신이 일찍 죽어도 다 나와?"

'아! 이렇게 직설적으로 되물을 줄이야…'

"아니야. 내가 죽어서 유족연금을 받겠다고 한다면 당신은 내

연금의 60%인 100만 원 정도만 받고, 당신 연금은 못 받아"

"뭐야, 그럼 손해잖아. 그걸 왜 넣어?"

"걱정하지 마세요. 막둥이 때문이라도 내가 오래 살 테니까. 그리고 어차피 죽을 거 생각하면 국민연금뿐만이 아니라 다른 것도 마찬가지야. 우리야 외벌이지만 맞벌이 부부인 경우 더 억울하지 않겠어? 월 13만 원을 10년짜리 적금에 넣으면 만기금이 얼마나 될 것 같아? 차라리 월 13만 원 없는 셈 치고 자동이체로 빠져나가게 한 후 65세부터 매월 45만 원 이상 받는 상품에 가입하는 게 낫지 않을까?"

무슨 일이 있어도 절대 일찍 죽지 않겠다는 저의 다짐을 받은 후에야 아내는 반납금 제도를 이용하여 직장 그만두면서 받았던 반환일시금을 반납해 해당 기간만큼 가입 기간을 복원시켰고 임의 가입 계속 제도를 이용해 국민연금 보험료도 매월 잘 납입하고 있습니다. 아내와 같이 '내 곁에 국민연금' 앱으로 예상 노령연금을 조회해 보니까 가입 기간은 94개월이었고, 65세부터는 월 47만 원의 연금을 받게 되어 있습니다. 물가상승률을 생각하면 연금 받는 시점이 되면 50만 원이 훌쩍 넘어가겠네요.

제 사례만으로 배우자를 설득할 수 없다는 생각이 든다면, 국민연금 뉴스레터에 나와 있는 자료를 보면서 얘기를 나눠보시기 바랍니다.

<숫자로 보는 국민연금 #3>

부부의 날을 맞이하여 알아보는 국민연금 부부 수급 통계

핵심만 뽑았다! 3줄 요약

▷ 부부 모두 국민연금에 가입해 각자 최소 가입 기간(10년) 이상 납부했다면, 부부 모두 연금 수급 가능

▷ 2024년 1월 말 노령연금을 함께 받는 부부는 67.2만 쌍으로, 2019년 말 대비 1.9배로 증가했는데, 2019년에는 35.5만 쌍이었음.

▷ 2024년 1월 말 부부합산 최고 연금액은 월 486만 원. 국민연금 부부합산 평균 연금액은 월 103만 원으로 2019년 763,322원에서 1,033,547원으로 증가하였고, 1인 평균 연금액도 2019년 527,075원에서 2024년 643,377원으로 증가했습니다. 월 300만 원 이상을 받는 수급자는 2017년 3쌍을 시작으로 2024년 1월 말 기준 1,533쌍으로 늘어났으며, 3년 전인 2021년 196쌍에 비해 7.8배로 증가한 수치입니다.

출처: 국민연금공단(2024.5.21.)

한국은행과 통계청, 금융감독원이 2023년 발표한 적정 노후 생활비 324만 원과 비교하면 아직 부족하다는 언급도 있네요. 국민연금의 소득대체율은 내는 보험료가 적을수록 그 효과가 극대가 될 수 있게 만들어졌습니다. 월 13만 원이라면 충분히 시

작해볼 만한 액수가 아닐까요?

국민연금은 소득재분배 효과 때문에 소득이 낮을수록(국민연금 보험료가 적을수록) 유리한 구조입니다. 그런 만큼 소득이 없는 배우자에게는 빨리 월 13만 원이라도 내도록 설득하셔야 합니다. 바람도 쐴 겸 점심때 배우자 손 잡고 집 근처 국민연금공단을 방문해 보시기 바랍니다. 구내식당 밥맛도 좋습니다.

국민연금도 세금을 내나요?

얼핏 국민연금 줄 때 세금 떼고 준다라고 하면 기분부터 상한다는 분이 계실 텐데, 결론부터 얘기하면 노후소득이 국민연금만 있는 경우라면 걱정하지 않으셔도 됩니다.

나라에서 세금을 부과하는 이유는 그 전에 뭔가 나에게 혜택을 줬다는 뜻입니다. 2002년 이후 납부한 연금보험료부터 소득공제를 해줬기 때문에 2002년 이후 가입 기간에 의해 산정된 노령연금 및 반환일시금은 과세 대상에 포함되는 것입니다. 다만, 장애연금과 유족연금은 과세 대상에 포함되지 않습니다.

과세 대상 연금액이 연 770만 원을 초과하는 경우 결정세액이 발생할 수 있다고 하는데, 세금은 연금 지급 시의 간이세액표에 따른 세액을 원천징수하고 연말 정산할 때 정확한 결정세액을 확정합니다. 그리고 정산 결과는 다음 해 1월 연금액에 반영하게 되어 있으니 따로 세금을 납부할 필요는 없습니다.

알아서 세금이 자동 계산된다는 얘기인데, 연말정산 시 배우자 또는 부양가족 등에 대한 인적공제를 받으려는 경우에는 12월 31일까지 '연금 소득자 소득/세액 공제 신고서'를 국민연금공단에 제출해야 합니다. 근로소득·사업소득 등 다른 소득에서 이중 공제는 불가능합니다.

연금소득공제액을 계산하려면 우선 연금 수령액에서 본인 인적공제를 거친 과세표준에다 소득세율을 곱합니다. 그런 다음 표준세액공제를 빼줍니다. 표준세액공제는 연금 수령액과 무관하게 7만 원입니다. 이런 계산식에 의하면 국민연금 소득 외의 다른 소득 없이 국민연금 수령액만 1천만 원 이하라면 세금 낼 일이 없으니 걱정하지 않아도 됩니다.

앞 장에서 '내 곁에 국민연금' 앱을 통해서 제 아내의 예상 연금액을 조회했다고 말씀드렸는데, 세전과 세후 금액이 동일하더군요. 연 770만 원을 넘지 않으니까 당연히 세금이 없고 저의 경우는 세전 2,112,160원, 세후 2,059,050원 이렇게 조회되더군요. 세전 금액과 세후 금액을 비교해보니 세금을 2.5% 정도 매겼다는 얘기입니다.

이 얘기만 듣고 국민연금의 세율이 2.5%라고 생각하시면 안 됩니다. 앞 장에서 언급했듯이 국민연금은 2002년 이후 가입 기간에 의해 산정된 노령연금 및 반환일시금부터 과세 대상에 포함되므로 저의 경우 1992년부터 2002년 이전까지 납부한 연금 보험료는 제외된 가운데 매겨진 세율입니다. 기본적으로 본인만 인적공제를 받는다는 전제하에서 산출된 것이고, 연금 수령 액수에 따라서도 차이가 있는 만큼 연금 수급자별로 다르다고 보면 되겠습니다.

앱에서 나온 금액이 맞는지 확인할 겸 국민연금공단에 가서 문의했더니 맞다고 해주시네요. 다른 분들은 어떤지 여쭤봤더니 2002년 이후에 국민연금을 납부한 경우라면 최대 3%가량의 세율이 나올 수도 있다고 하니까 관심 있는 분은 개별적으로 조회해 보시면 되겠습니다.

문제는 국민연금 외에 별도의 연금소득(개인연금, 퇴직연금)이 연 1,500만 원을 넘거나 이자소득과 배당소득이 2천만 원을 넘을 경우 종합과세 대상이 되어 합산 소득으로 잡힌다는 것인데, 월급쟁이가 언제 종합소득 신고를 했겠습니까?

그러다 보니 종합소득세는 사업하는 사람이나 부자들만 내는 것이라는 오해가 생기는 것이고, 막연하게 종합소득세는 무조건 높을 것이라는 불안감을 가지는 것 같은데, 종합소득세도 근로소득세와 같은 구조와 세율로 운영됩니다. 근로자들이 연말

정산 하는 것처럼 공제받는 항목 공제하고 남은 금액이 과세표준이 되는 구조이고 그에 따른 세율도 동일합니다.

퇴직연금·개인연금 등 사적연금이 얼마나 되고, 이자와 배당소득이 합쳐서 얼마나 될지 모르겠지만 은퇴 후에도 종합신고 대상이 된다면 기분 좋게 세금을 내면 되는 것입니다.

퇴직연금

국민연금을 공무원연금과 자주 비교합니다. 공무원연금에 비해 국민연금이 턱없이 적다고들 하죠. 그런데, 원천징수하는 연금보험료 구조를 알게 되면 그런 말이 쉽게 나오지는 않을 것 같습니다.

공무원은 직장인들보다 2배 많은 연금보험료를 냅니다. 앞에서 근로자의 국민연금 보험료율이 9%라고 말씀드렸고, 절반인 4.5%를 근로자 본인이 납부한다고 했습니다. 공무원의 연금 보험료율은 무려 18%입니다. 절반인 9%를 공무원이 냅니다. 2배나 많은 연금보험료를 내지만 연금 수령액이 2배에 미치지는 못합니다.

우리가 공무원연금이 많다고 할 때 간과하는 것은 가입 기간입니다. 공무원연금의 경우 30년 이상 납부자 비율이 69.6%에 이릅니다. 반면 국민연금은 20년 이상 가입자가 13.9%에 불과합니다. (2019년 기준, 통계 참조)

다시 말해 공무원은 오랜 기간 더 많은 연금보험료를 낸 것입니다. 일반 사기업과 비교해 급여가 상대적으로 적은 공무원도 소득의 9%를 연금보험료로 내고 있습니다. 사기업에 다니는 근로자보다 두 배 더 내고 있습니다. 게다가 공무원은 퇴직금도 없습니다. 물론 퇴직금 대신 퇴직수당이 있기는 하지만 월급쟁이의 퇴직금에는 비할 것이 못 됩니다. 월급쟁이와 공무원끼리 연금을 더 받느니, 퇴직금이 없다느니 이렇게 논쟁할 이유가 없습니다. 서로 격려하면서 응원해야 합니다.

"그래 네가 더 고생이 많다!"

퇴직연금은 이전의 퇴직금과는 질적으로 다릅니다. 평균 수명이 짧았던 시기에 일시로 받아서 써 오던 퇴직금과 달리 퇴직연금은 긴 노후 생활을 어떻게 보내느냐에 대한 생존의 개념입니다. 단순히 퇴직에 따른 보상의 성과만으로 이해하면 곤란합니다. 이 퇴직연금을 어떻게 운용하는 가에 따라서 노후 생활이 현격히 달라지는 세상이므로 잘 알아야 합니다.

은퇴 후에 얼마 정도의 퇴직연금을 받아야 할까요?

우선 제가 운용해본 결과 기본적으로 퇴직 적립 금액이 2억 원이 넘을 때 효과가 있어 보입니다. 물론 사정에 따라 1억 원이면 어떻고 1억 5천만 원이면 어떠냐고 할 수 있겠는데, 매월 얼마를 언제까지 받을 것이냐에 대한 목표에 따라서 달라지겠죠.

"매월 200만 원의 퇴직연금을 20년 정도 받으면 참 좋겠다. 어떻게 운용하면 되느냐"고 묻는 분들이 많은데 저는 즉답 대신에 현재 DC 적립액이 얼마 정도 되느냐고 되묻습니다. 매월 200만 원이나 되는 돈을 그것도 20년 동안 받으면 당연히 좋죠. 하지만 제아무리 용빼는 재주가 있다고 한들 퇴직 적립액이 일정 정도 규모가 되지 않으면 뜬구름 잡는 수익률이 나와줘야 가능한 일입니다. 매년 20% 이상의 수익률이 가능할까요?

제가 시뮬레이션을 할 때 기준으로 삼는 퇴직 적립금은 2억 원이고 목표로 제시하는 연간 수익률은 8%입니다. 퇴직 적립금의 규모가 일정 정도 수준은 되어야 하고, 수익률 또한 8%가 높은 수익률이라고도 생각할 수 있겠지만 그 정도로는 굴러가야 한다는 생각으로 잡은 기준입니다.

광수의 사례를 통해 매월 200만 원을 20년 동안 받으려면 어느 정도 수익률이 나와줘야 하는지를 살펴보겠습니다.

광수는 56세가 되어서야 뒤늦게 DC로 전환했습니다. 퇴직 적립금은 2억 원입니다. 퇴직하기까지 남은 4년 재직 기간 중에도 회사로부터 매년 퇴직연금 부담금이 들어오지만, 이 부분은 각자 어느 정도 부담금이 들어올지가 다르고 덤으로 남겨둔다는 생각으로 계산 편의상 일단 제외하겠습니다.

매년 8%의 수익률이 나와줘야 한다는 조건입니다. 정년퇴직하는 60세부터 매월 200만 원씩 연금 개시가 이루어지고, 연금 개시가 진행되는 동안에도 잔여 퇴직 적립금에 대해서는 계속 8%의 수익률이 반영됩니다. 이렇게 운용하면 광수는 예상보다 3년이나 늘어난 23년 동안이나 매월 200만 원의 퇴직연금을 받게 됩니다. 퇴직연금 수령 기간에도 수익률은 쉬지 않고 적용됩니다. 이는 퇴직금을 적립한 액수 못지않게 운용이 중요하다는 사실을 잘 말해줍니다.

그렇다고 퇴직 적립금이 적어도 된다는 얘기는 아닙니다. 23년 동안 광수가 받은 퇴직연금은 5억 5천만 원이 훌쩍 넘습니다. 만일 누군가의 퇴직 적립금이 광수에 비해 절반 수준이라면 5억 5천만 원에 도달하기 위해서 수익률을 두 배로 올리는 방법밖에 없는데 과연 매년 8%를 초과하는 수익률을 올릴 수 있을까요?

물론 직장과 연봉 수준에 따라서 퇴직 적립금의 규모가 다르겠지요. 대기업에 다닌 경우와 중소기업에 다닌 경우, 중간 정산을 한 경우와 그렇지 않은 경우 등을 구분해서 보시면 좋겠습니다. 게다가 중간 정산의 경우에도 언제 했는지에 따라서 얘기는 달라집니다. 입사한 지 몇 년 되지 않은 시점에서 중간 정산한 경우와 20년이 지난 시점에서 중간 정산한 경우가 다를 수밖에 없겠죠. 일찍 중간 정산했으면 남은 기간까지의 퇴직 적립금이 쌓일만한 시간이 충분할 테니 그나마 나을 것입니다.

일시로 받은 퇴직금보다 퇴직연금이 좋은 이유는 세금을 나중에 낸다는 것뿐만 아니라 적게 낼 수도 있다는 점입니다. 특히 연금으로 받을 때의 퇴직소득세는 퇴직금을 일시로 받는 경우와 비교했을 때 30~40%만큼 절세 효과가 있습니다.

퇴직금이 많을수록, 근속기간이 짧을수록 퇴직소득세가 늘어나는 구조인데, 퇴직금을 중간에 미리 정산한 경우에는 정산한 기간만큼을 근속기간으로 이어서 인정받을 수 있는 퇴직소득세액정산특례 제도를 기억하고 있어야 합니다.

나의 총 근속연수가 퇴직금 정산한 날 이후로만 잡혀버리면 그만큼 세금이 늘어나기 때문입니다. 위에서 얘기했듯이 30년을 근무했더라도 20년 시점에서 중간 정산을 했었다면 10년만 근속연수로 잡히므로 반드시 확인 절차를 거쳐야 합니다. 퇴직연금 수령 시 세금이 생각보다 많이 나왔다고 느껴진다면 회사에 퇴직소득 원천징수 영수증을 발급받아서 관할 세무서에 경정 청구도 할 수 있으니까 미리 준비하고 있지 않더라도 구제 방법은 있습니다.

퇴직연금제도를 운영하는 대부분 회사에서는 이런 번거로움을 없애기 위해 퇴직 시 퇴직소득 원천징수 영수증을 퇴직연금 운용기관에 직접 보내주기 때문에 근로자가 별도로 챙기지 않아도 되는 사항입니다. 그러므로 퇴직연금이 IRP개인형 퇴직연금로 이전되었을 때 인사팀에 해당 서류를 보냈는지 구두로 확인만 하면 되겠습니다.

퇴직소득 세율이 근로소득 세율에 비해서는 낮으니까 무심코 연금이 아니라 일시금으로 받는 경우가 있는데, 비교하려면 근로소득 세율과 비교할 것이 아니라 연금으로 받을 때 감면 비율과 비교해야 합니다. 퇴직금을 연금 형태로 받으면 수령 연차 10년까지는 30%, 11년 차부터는 40%의 퇴직소득세를 감면해주니까요.

아파트 구입 자금이나 자녀 결혼 자금 용도 등으로 중간 정산한 탓에 현재 쌓아둔 퇴직 적립금 자체가 적어서 별 의미가 없다고 하는 친구도 여럿 있습니다. 그래도 퇴직하기 전까지는 의미가 있으니 DC 운용을 잘한다면 늦지 않다고 얘기를 해줍니다. 아직 퇴직 적립금이 유효한 수준에서 유지되고 있다면 어떻게 굴릴 것이냐에 초점을 맞추라는 뜻이죠. 4%냐 8%냐, 혹은 그 이상의 수익률의 문제는 적립금을 어떻게 운용할 것인지가 답이고 이 책에서 그 답을 찾았으면 좋겠습니다.

퇴직연금은 누가 운영하느냐에 따라서 크게 DB형확정급여형,
DC형확정기여형, IRP개인형 퇴직연금 등 세 가지로 구분됩니다.
하나씩 살펴보겠습니다.

DB형확정급여형, Defined Benefit

DB형은 퇴직 시점에 정해진 금액을 일시금으로 받는 전통적
인 방식입니다. 퇴직연금제도를 도입한 회사에 근무하는 근로
자는 자동으로 DB형에 가입되어 있습니다. 회사가 알아서 퇴직
금을 굴려주는 시스템인데, 회사가 주체가 되는 것이므로 금융
기관에서 운용을 잘해서 이익이 나든 손실이 나든 그 책임은 회
사가 지게 됩니다. 당연히 근로자는 운용수익에 아무런 영향을
받지 않으므로 회사에서 약속해준 퇴직금만 받으면 됩니다.

퇴직연금제도가 도입되기 전에 퇴직금을 계산하던 방식이라
고 보시면 되겠습니다. 시중금리와 물가상승률을 더한 것보다
임금 상승률이 높다면 DC형 전환을 고민할 이유가 없습니다. 퇴
직금 계산 방식이 직전 3개월의 평균임금이니까 연봉이 최고조
에 도달했을 때 근속연수만큼 곱하면 됩니다. 연봉이 지속적으
로 올라가는 구조에 계신 분이라면 DC형 전환을 서두를 필요는
없겠습니다.

DC형 확정기여형, Defined Contribution

DC형은 근로자가 직접 퇴직 적립금을 운용하는 방식입니다. 근로자 본인이 운용 주체가 되는 것이므로 운용을 잘해서 이익이 나든 손실이 나든 그 책임은 오로지 근로자 본인 몫이므로 최우선으로 고민해야 하는 부분입니다.

"언제 DC형으로 전환하지?"

근로자가 DC형으로 전환하면 회사는 1년에 한 번 연간 임금 총액의 12분의 1 이상의 부담금을 근로자의 DC 계정으로 넣어줍니다. 운용은 근로자가 알아서 하게 되어 있습니다. 당연히 수익이 나도 근로자 본인이 가져가고, 손실이 나도 근로자 본인 몫입니다.

저의 경우는 매년 3월에 새로운 연봉이 결정되므로, 2월 말에 회사가 제 DC 계좌로 직전 연도의 퇴직연금 부담금을 입금해줍니다. 근로자가 운용을 지시하기 때문에 본인이 직접 운용하던지, 아니면 디폴트옵션을 선택해서 맡기실 수도 있습니다.

우리나라 월급쟁이들은 기본적으로 퇴직금을 개인 자산의 마지막 보루라고 생각을 많이 하고 있어 운용을 보수적이면서 안정적으로 하는 경향이 있습니다. 손실이 나면 안 된다는 생각이 크다 보니 원금 손실이 없는 원리금 보장 형태로 운용합니다.

저도 마찬가지였습니다.

신문이나 방송을 통해 우리나라 퇴직연금의 연평균 수익률이 1~2%대에 그쳐서 안정된 노후보장이 어렵다, 운용수익을 높이기 위해 금융기관에 알아서 투자해달라고 맡기는 디폴트옵션 제도를 도입한다는 등의 내용을 접해 보셨을 것입니다. 우리나라도 2023년 7월부터 디폴트옵션을 시행하고 있습니다.

디폴트옵션이라고 하면 전문가들이 알아서 잘 운용할 것이라고 기대할 수 있는데, 미국의 401K처럼 자동으로 실적배당형 상품에 투자하도록 설계되어 있지는 않습니다. 우리나라 디폴트옵션의 설계 자체가 원리금 보장 상품을 포함한 여러 개 상품 중에서 하나를 선택하게 되어 있으므로 가입자들은 대부분 여전히 원리금 보장 상품을 선택한다는 것이죠. 따라서 디폴트옵션 제도를 도입한 이후에도 도입하기 전과 비교해 수익률이 크게 차이가 나지 않는 이유입니다. 이 현실을 어떻게 받아들여야 할까요? 뒤에 언급하는 운용 형태를 바꾸는 부분에서 좀 더 다루기로 하겠습니다.

어느 시점에서 DC형으로 전환할지에 대한 선택은 재직 기간, 연봉 수준, 향후 승진 가능성, 임금인상률과 시중금리의 비교 등 여러 요소를 종합적으로 고려하여 DB형으로 그냥 놔두는 것이 유리한지와 비교해서 선택해야 합니다.

빈털터리 월급쟁이의 터닝 포인트

예를 들어 설명해 보겠습니다.

같은 회사에 근무하는 근로자 3명이 있습니다. 이 회사의 매년 임금인상률은 5%이지만, 직급별 연봉 상한선이 씌워져 있어서 과장과 차장은 최대 8천만 원, 부장은 최대 1억 원까지가 연봉 상한선입니다. 퇴직금은 직전 3개월 평균임금에 재직 기간을 곱하는 방식으로 계산되므로 10년, 20년, 25년 재직한 근로자별로 유불리를 살펴보겠습니다.

☞ 영훈 : 10년 근무, 연봉 5천만 원, 퇴직 적립금 4천만 원

퇴직 적립금이 4천만 원으로 퇴직 적립금의 절대액 자체가 적어서 복리로 투자 운용할 때의 효과가 미미할 수 있으므로 지속적으로 연봉을 높이려고 노력하는 것이 중요하겠습니다. 보직 부서장이 되면 직책 수당이 별도로 지급되는데, 이는 평균임금에 포함되므로 플러스 요인입니다. 임금인상률이 매년 5%면 괜찮은 수준이고 고과를 받게 되는 경우는 그 이상의 연봉 인상률도 기대해볼 수 있겠습니다. 향후 억대 연봉까지도 바라볼 수 있으니 아무 생각 말고 회사생활만 열심히 하면 되겠습니다.

☞ 성남 : 20년 근무, 연봉 9천만 원, 퇴직 적립금 1억 5천만 원

퇴직 적립금도 그렇고 근무 연수와 연봉만 놓고 봤을 때 판단하기가 쉽지 않아 보입니다. 비슷한 처지의 DC로 전환한 분들에게 조언을 들어보는 것을 권합니다. 아직 직급별 연봉 상한선에 도달하지는 않은 것 같아서 연봉 인상 요인이 존재하겠습니다. 대부분의 기업들이 직급별 연봉 상한제도를 운영하고 있으므로 완전한 연봉제라고 할 수 없는 것 같습니다. 시중금리에 물가상승률을 더한 수치만큼은 연봉 인상률이 되야 하는 것이 상식이지만 그런 기업은 손에 꼽을 정도이며, 오히려 고과가 안 좋으면 연봉이 줄어드는 경우도 허다한 것이 현실입니다. 어느 정도 연봉 인상이 될지도 시뮬레이션해 봐야 되겠습니다만, 제 개인적인 생각은 근무연수 등을 고려하면 지금은 고민하지 말고 퇴직 적립금이 2억 원이 넘는 시점에서 고민해도 늦지 않을 것 같습니다.

☞ 성진 : 25년 근무, 연봉 1억 원, 퇴직 적립금 2억 원

늦게 입사하다 보니 벌써 내년이면 임금 피크가 적용된다고 하네요. 매년 10%씩 연봉이 깎여서 퇴직 적립 금액도 줄어들게 되어 있으므로 올해 무조건 DC로 전환해야 합니다.

위 사례를 봤을 때, 지속적인 임금 상승률 여부와 연봉상한액이 얼마인지를 살펴보면서도 퇴직금 절대액이 최고점일 때가 DC로 전환하는 시기를 결정해주겠네요.

성진이의 경우라면 나이도 정년에 가깝고 퇴직 적립금도 2억원 수준이므로 초기에는 이 2억 원을 어떻게 운용해야 하는지에 대해서 고민하고 퇴직연금을 받는 20년 동안의 기간에도 제대로 운용 방법을 실행하면 나름 목표한 은퇴 금액을 준비할 수 있을 것 같습니다.

근로자의 기본 성향도 중요합니다. 마지막 보루인 만큼 퇴직금은 한 푼도 손해 보면 안 된다는 생각이라면 원리금 보장형으로 운용할 테고 대신에 복리의 장점을 극대화하지 못하는 부분은 감내해야 할 것입니다. 물론 퇴직연금 외에 자녀 결혼 비용에 대한 준비가 별도로 되어 있다면 문제가 되지는 않겠죠.

저는 2017년에 DC형으로 전환했습니다. 전환했다는 의미는 DC형으로 하겠다고 회사에 통보하지 않는 한 DB형으로 운용되고 있었다는 뜻입니다. 제가 DC형으로 전환을 결정한 이유는 더 이상 연봉이 오르지 않을 것이라는 예상과 더불어 임금 피크가 시작된 후 전환했을 경우 오히려 줄어든 연봉 때문에 재직 기간만큼 더 손해 볼 수 있기 때문이었습니다.

DC형의 매력은 회사가 1년마다 퇴직금을 계산해서 퇴직연금

부담금을 계좌로 넣어주니까 투자 원금이 매년 불어나는 것을 눈으로 확인할 수 있다는 데에 있습니다. 감이 확실히 온다는 것이죠. 제대로 알지 못한 상황이기도 해서 초기 6년 동안은 그냥 원리금 보장형에 넣었습니다. 저 역시도 다른 것은 몰라도 퇴직금만은 원금 손해 없이 지켜야 한다는 생각이 강했던 것이지요. 이 6년 동안 연간 평균 수익률은 3% 내외였습니다. 수익이 더디게 불어나더군요. 그래도 회사의 연봉 인상률이 1~2% 정도밖에 안 되다 보니 상대적으로 3% 내외의 수익률이라도 그다지 불만이 없었던 것 같습니다. 물론 물가상승률을 고려하면 마이너스 수익률이라고 볼 수도 있지만 그래도 적립 금액이 늘어나는 것이 눈에 보이니까 자족했던 것 같습니다.

그런데, 원리금 보장 형태의 운용으로는 한계를 느낄 수밖에 없는 것이 연평균 3%대의 수익률로 20년을 운용해도 적립금이 두 배가 되지 않는다는 것입니다. 국민연금만으로는 부족한 것이 현실이다 보니 뭔가 방법을 바꾸지 않으면 안 되겠다는 위기의식도 한몫했습니다.

• 운용 형태를 바꿨더니?

2023년 8월부터 직전 6년 동안의 운영 형태를 바꿨습니다. 절반은 원리금 보장형으로, 나머지 절반은 투자형 상품인 ETF와 채권으로 비율을 조정해봤습니다. 수많은 ETF 중에서 선택한 것은 미국 S&P 500이었습니다. 연간 총보수액이 제일 저렴한 이유도 있었지만 미국 시장이 제일 안정적으로 수익을 낼 수 있다는, "설마 미국이 망하겠어?"라는 믿음 때문이었죠.

채권은 국채 30년물과 회사채를 선택했습니다. 뭐든지 실전을 경험해봐야 실체를 알 수 있습니다. 배당은 생각도 안 하고 매수했는데, ETF는 3개월마다, 국채는 6개월마다 한 번씩 분배금을 줍니다. 회사채는 3개월마다 한 번씩 채권 이자를 받습니다. 물론 상품에 따라서 매달 지급하는 경우도 있다고 합니다.

2024년 6월 10일 기준으로 10개월 동안의 수익률을 봤더니 미국 S&P 500은 23.32%, 우리나라 국채 30년물은 7.92%가 나왔습니다. A등급 회사채는 5.62%짜리입니다. 저축은행의 1년 만기 원리금 보장형 상품이 최고 4.7%인 것을 감안하면 수익률이 좀 더 안정적으로 나왔습니다. 적극적으로 공격적인 투자 운용을 하지 않았음에도 원리금 보장형에 비해서 수익률이 좋아진 것을 보니 진작에 바꿀 걸 하는 아쉬움이 듭니다. 2024년 2월 29일에 입금된 분담금으로 미국 국채를 추가 매입했습니다.

채권 투자는 할수록 매력이 넘치는 상품이더군요. 회사채는 3개월마다 이자를 줍니다. 받은 이자로 또 매수할 수 있는 장점이 있습니다. 회사채는 잔존 만기가 1~2년 정도 남은 상품을 선택 했습니다. 국채에 비해서는 리스크도 있으므로 신용등급 A 이상 중에서 선택했습니다.

ETF와 채권은 매매 패턴에 차이가 있습니다. ETF는 개별 주식 처럼 언제든지 사고팔 수가 있습니다. 주식처럼 목표 수익률을 정한 후 사고팔면 됩니다. 채권도 언제든지 사고팔 수는 있지만 만기가 정해져 있고 이자도 확정되어 있습니다.

퇴직연금에서 투자할 수 있는 회사채는 장외채권만 가능합니다. 연 확정 이자를 3개월마다 나눠서 지급하므로 이자 받는 시기를 눈여겨보면 두 달 치 이자는 거저먹을 수 있다고 얘기하는 분도 계시는데, 사실 큰 의미는 없습니다.

예를 들어 이런 것이죠. 6월에 채권 이자를 지급하는 회사채의 경우 5월에 매수해도 6월에 3개월 치 이자를 주게 되어 있습니다. 한 달이 지나지 않았음에도 석 달 치 이자를 받게 되는 셈이니까 이익을 봤다고 할 수 있을 텐데, 저는 회사채의 경우에는 중간에 매도하지 않는 한 만기일 전에는 언제 사든 동일하다고 생각합니다. 어차피 지급하게 되어 있는 이자입니다.

주식의 배당락과 같은 개념으로 생각해 매수를 결심했을 때 매수하면 됩니다.

채권 가격의 오름폭이 확정 이자보다 높지 않다면 굳이 팔 이유는 없습니다. 그럴 경우에는 매도할 생각하지 말고 채권이자 받으면서 만기에 원금을 받으면 됩니다.

채권투자라고 하면 어려워하는데 단순한 이치만 알면 됩니다. 이자, 즉 금리가 어떻게 변하느냐에 따라서 판단하면 되는 상품입니다. 기준금리의 상승과 하락이 이전에 매수했던 채권에 영향을 주는 구조입니다.

2024년 증권·금융계 화두는 온통 미국의 금리인하 시점이었습니다. 지배적인 예상이 기준금리를 올릴 확률보다는 내리되 얼마를 몇 번 내릴 것이냐에 집중되었습니다. 미국에서 금리를 내릴 경우 국채는 어떤 영향을 받을 것인지를 생각해야 합니다. 기준금리가 인하되면 그 시점에 발행되는 국채 금리도 떨어질 것입니다. 금리가 인하되기 전에 발행된 국채가 금리인하 시점보다는 이자를 더 줬을 테니까 사람들이 이자를 더 줬던 시기에 발행한 국채를 사려고 하겠지요. 그러면 이전 국채 가격은 올라가게 되어 있습니다. 금리가 인하되면 기간이 길었던 것의 변동성이 클 것입니다.

내가 매수했던 가격보다 올랐을 때 팔면 매매차익도 챙길 수 있고, 국채를 팔았다고 해서 지금까지 받았던 분배금을 내놓으라고도 하지 않으니 상당히 매력적인 상품인 것이죠.

반대로 금리가 올라가면 이전에 발행했던 국채의 메리트가 없어질 테니 국채 가격은 내려가겠죠. 이 경우에는 국채를 팔면 손해니까 본래의 목적대로 분배금을 받으면서 추이를 지켜보면 되겠습니다. 올 11월에 치러질 미국 대선에서 누가 당선되는지가 주요 관전포인트가 될 수도 있겠습니다. 대부분의 전문가들은 트럼프가 당선되면 스텝이 좀 꼬일 수 있다고 합니다. 중국에 대한 추가 관세 압력이 현실화될 가능성이 크고 자국 산업 보호에 따른 감세 정책 등의 이슈로 재정지출의 증가 요소가 발생한다는 가설입니다. 그러면 국채 발행이 늘어날 수 있으니까 국채 금리가 될 수 있다는 것이죠. 금리가 인하되더라도 국채 금리가 올라가는 상황이 연출될지도 관심거리입니다.

회사채의 경우에는 실제로 사고팔아 봐야 이해가 됩니다. 3개월마다 확정된 이자도 받아보고, 만기 이전에 팔아서 매매차익도 챙겨보면 회사채를 바라보는 시야가 달라질 것입니다.

대한민국의 월급쟁이들이 퇴직연금에 신경을 많이 써야 하는 또 다른 이유는 미국의 퇴직연금제도 구조를 이해해야 하기 때문입니다. 미국의 DC형인 401K는 1978년에 시행되었습니다. 우리나라의 퇴직연금제도가 2005년에 시행되었으니까 단순 계산으로는 27년의 차이가 있습니다만, 전면 시행된 것이 2012년부터이므로 실제로는 34년의 격차가 있지요. 이 34년의 격차만큼 우리가 퇴직연금을 바라보는 시각도 늦어졌다고 볼 수 있겠지만 오히려 미국의 정착 과정을 통해서 우리는 빠르게 그들의 은퇴 계획에 접근할 수 있는 장점도 있습니다.

미국의 401K가 정착된 지 오래되다 보니 평균 적립금이 인당 평균 20만 달러가 넘는다고 하며, 생각보다 자주 100만 달러가 넘는 적립금을 보유한 월급쟁이 은퇴자도 볼 수 있다는군요. 제가 앞 장에서 퇴직 적립금을 2억이라는 수준에서 예시를 든 것도 미국처럼 우리나라 월급쟁이의 평균 퇴직 적립금이 그만큼은 되었으면 좋겠다는 바람에서였습니다.

대한민국 월급쟁이의 평균 적립금이 20만 달러가 안 되는 이유는 중간 정산 탓도 있지만 임금 자체가 적기 때문이기도 합니다. 그리고 불어나는 속도도 더디고요. 특히 저처럼 회사를 오래 다닌 월급쟁이일수록 퇴직연금을 원리금 보장 상품 위주로만 운용하는 분들이 많을 것입니다. 퇴직금만큼은 절대 지켜야 한다, 손해 보면 안 된다는 마인드 때문에 말이죠.

제가 운용 형태를 바꾸게 된 이유는 수익률입니다. 퇴직연금을 받기 전까지의 운용실적도 중요하지만, 퇴직연금을 개시한 이후의 운용실적도 중요하기 때문입니다. 10년을 넘어서 20년까지도 받아야 합니다. 그러자면 지금부터라도 원리금 보장 형태의 상품 구조를 바꿀 필요가 있다는 것이죠. 정부의 정책 기조가 미국처럼 따라갈 가능성이 높으니 퇴직연금의 시장 판도가 달라질 가능성에도 선제적으로 대비할 필요가 있는 것입니다. ETF는 국내와 해외 상품으로 적절한 포지션을 취하면서 국채, 회사채, 원리금보장 상품도 추가로 포함시켜서 1년 단위로 운용해 보시기 바랍니다. 느낌이 확실히 올 것입니다. 그렇게 1년 동안 운용하다 보면 그 경험이 토대가 되어 독자분들의 판단만으로도 주식/채권 혼합형 ETF, 커버드콜 ETF 등 다양한 상품 구성이 가능해질 것입니다. 최근 이런 확신을 뒷받침할 만한 기사가 나와서 소개해 드립니다.

2024년 5월 16일 고용노동부와 금융감독원에 따르면 작년 말 기준 퇴직연금 적립금은 총 382조 4,000억 원으로 전년 대비 46조 5,000억 원(13.8%) 증가했다.

2018년 190조 원에서 해마다 10% 이상씩 증가해 오다 5년 만에 2배 규모로 불어난 것이다. 유형별로는 사전에 정해진 퇴직금을 지급받게 되는 확정급여형(DB)이 205조 3,000억 원, 근로자가 운용 주체가 되는 확정기여형(DC)이 101조 4,000억 원, 개인형 퇴직연금(IRP)이 75조 6,000억 원이다. 전체 대비 적립금 증가율은 세제 혜택이 확대된 IRP가 31.2%로 가장 높았다. 이어 DC가 18.1%, DB 6.7% 순이다. 전체 적립금 중 87.2%는 원리금 보장형으로, 12.8%는 실적배당형으로 운영되고 있었다. 지난해 퇴직연금 수익률은 5.25%를 기록했다. 주식시장 강세 등에 힘입어 전년(2%)보다 수익률이 크게 올랐다. 최근 5년과 10년간의 연 환산 수익률은 각각 2.35%, 2.07%를 기록했다.

실적배당형의 수익률이 13.27%로 원리금 보장형(4.08%)의 3배 이상이다. 유형별로는 실적배당형 비중이 높은 IRP의 수익률은 6.59%로 가장 높았다. 이어 DC 5.79%, DB 4.50% 등이다.

(…)

지난해 퇴직연금 수령이 시작된 계좌 약 53만 개 가운데 연금 방식으로 수령한 계좌는 10.4%를 차지했다. 연금 수령 비율은 2021년 4.3%, 2022년 7.1%에서 꾸준히 늘어 처음으로 10%를 넘어섰다.(…)

출처: 백지연. "세금 생각하면 너무 불리, 울 아빠도 일시금 안 받는대요… 퇴직금 연금 수령 비율 증가" 매일경제(2024. 5. 16.)

만약, DC와 IRP의 적립금 177조 원이 절반 이상 실적배당형으로 운용되었다면 어떤 결과가 나왔을까요? 퇴직 적립금이 두 배가 되는 시기가 훨씬 앞당겨질 것입니다.

뒤의 실전 투자에서도 언급하겠지만, 우리나라에서 주식투자하는 사람을 크게 개인, 기관, 외국인이라는 세 명만 존재한다고 가정한 내용이 있습니다. 직접투자로 맞붙었을 때의 리스크를 감안한다면 퇴직연금은 월급쟁이들끼리 마음을 모으면 되는 것입니다. 운용을 주식시장 위주의 실적배당형으로 한다면 엄청

난 돈이 주식시장으로 흘러 들어가서 튼튼하게 시장을 받쳐줄 것입니다. 177조 규모입니다. 적립금 증가율이 IRP와 DC형에서 두드러지게 올라가는 추세입니다. 그렇게 되면 퇴직연금의 자금 흐름 때문에 주식에 개별 투자하는 개인투자자들이 상대적으로 돈을 벌 확률이 그만큼 높아집니다. 시장에서 매수하려는 사람이 많으니 지수는 당연히 올라가게 되어 있으니까요. 퇴직연금에서의 실적배당형 상품 운용이 단순히 퇴직연금의 수익률에만 국한되는 얘기가 아닌 것입니다. 그렇다면 앞으로 코스피 지수가 5천인들 못 가겠습니까?

수익률 얘기만 듣다 보면 금세 퇴직 적립금이 두 배로 오를 것 같지만 사실 적립금 손실 가능성도 있는 만큼 신중해야겠죠. 일반적으로는 내가 맡긴 금융기관이 어디냐에 따라서 투자성향이 드러나기도 합니다. 보험사에 맡긴 경우는 수익률보다는 원금 손실 없는 안정성에 무게를 둔 스타일일 것이고, 증권사에 맡긴 경우는 다소 손실 위험을 감수하더라도 높은 수익률을 추구하는 경향이 있는 것이고 은행은 보험사와 증권사의 중간 형태일 것입니다. 그러나 보험사라고 무조건 이율 보증 형태만 있는 것도 아니고 증권사라고 이율 보증 상품이 없는 것도 아닙니다. 제 경우도 증권사를 선택했지만, 작년까지만 해도 원금보장 형태의 상품만 운용했었으니까요. 결국 스타일은 금융기관을 떠나서 본인 고유의 마인드입니다. 무조건 원금을 지킬지, 아니면 수익률을 극대화할지 말이죠. 오는 10월이면 퇴직연금의 현물이전 제도가 시행될 예정입니다.

지금까지는 수익률이 높은 상품을 운용하는 금융기관으로 갈아타려면 보유 중인 계좌를 해지해야만 가능했는데, 10월부터는 동일한 상품이라면 해지하지 않고도 그냥 현물 이전해서 옮기면 되니까 선택의 폭이 넓어졌습니다. 즉, 본인의 투자 실력이 더 중요하게 된 것이므로 공부 많이 해야합니다.

이렇게 DC형으로 운용되던 퇴직연금은 퇴직하는 순간 IRP로 이전하게 되어 있습니다. 현물이전과 현금 이전이 있는데, 다른 회사에 재취업하거나 계약직으로 전환될 때는 현물이전으로 신청하면 DC에서 운용되던 모든 상품이 그대로 IRP로 이전되고, 곧바로 퇴직연금을 개시하는 경우라면 현금 이전을 선택하면 됩니다.

• 퇴직소득세 감면을 극대화하려면?

55세가 되면 퇴직연금을 받을 수 있는 기본조건이 되며, 일시금이 아닌 연금 형태로 받아야 퇴직소득세를 30~40% 감면받을 수 있습니다. 연금 수령 연차 10년까지는 퇴직소득세의 30%를 감면해주고, 11년 차부터는 40%를 감면해줍니다.

퇴직연금의 인출 순서는 퇴직급여부터 인출되고 그다음에 운용수익이 인출됩니다. 퇴직급여가 인출될 때는 퇴직소득세가 적용되고, 운용수익이 인출될 때는 연금소득세가 적용됩니다.

퇴직소득세 감면을 극대화하려면 기본적으로 연금 수령 기간이 10년은 넘어야 합니다. 노후 대비를 위해서 연금을 길게 받으라는 취지이죠.

그러나 똑같이 10년을 넘게 받더라도 언제, 얼마만큼 받을지에 따라 퇴직소득세의 감면 효과도 달라집니다.

여유가 있는 분이라면 초기 수령 시에는 연금을 최저한도로만 받다가 실제 연금이 필요한 시기에 많이 받도록 설계하면 됩니다. 핵심은 55세부터 연금이 개시된다는 조건에 있습니다.

철수의 사례를 통해서 어떻게 퇴직소득세 절감을 극대화할 수 있는지 확인해 보겠습니다.

초여름인데도 연일 30도가 넘는 불볕더위가 한창이라 시원한 생맥주 한 잔 생각나던 차에 그동안 연락이 뜸했던 철수에게서 전화가 왔습니다. 웬일로 자기가 저녁을 산다고 하네요. 철수는 대학교 5년 후배인데 본인 표현대로라면 대기업 비스름한 곳에 다니는 친구입니다.

"형님! 잘 지내셨습니까? 그동안 연락 못 드려서 죄송합니다."

"괜찮다, 뭐 잘 지내냐"

이러면서 생맥주 한잔하는데, 이번에 명퇴를 했다는 겁니다.

"뭔 일 있었어? 아직 나이도 있는데, 가만 너 몇이지?"

"쉰셋입니다. 회사에서 이번에 좋은 프로그램이 나와서 그냥 썼습니다."

"그래? 얼마 받았냐?"

회사가 5년 치 연봉을 인정해줘서 4억 원의 명퇴금을 받았답니다. 3년 전에 전환한 DC를 잘 굴려서 형성한 적립액과 운용수익 3억 원을 합치니 7억 원이 되는 금액이 IRP 계좌에 있다고 하는데 부럽더라고요. 어떻게 적립금을 두 배로 불렸냐고 물어보니까 국내 이차전지 ETF로 수익을 올린 후 미국 반도체 ETF로 갈아타는 시기가 절묘하게 맞아떨어져서 운 좋게 그랬다는 겁니다. 잘 되는 놈들은 다 운이 좋아서라고 얘기하는군요.

3년 사이에 두 배라? 종목 선택도 그렇고 책은 제가 아니라 철수가 내야 할 것 같은 생각이 듭니다. 부러우면 지는 거라고 하잖아요? 갑자기 딴지를 걸고 싶어졌습니다.

"좀 기다리면 너희 나이대에는 정년도 연장될 텐데, 좀 더 준다고 너무 성급하게 쓴 거 아냐?"

"형님! 제가 어떤 놈입니까? 다 주판알 튕겨봤습니다."

철수는 아내가 계속 교편을 잡고 있어서 자기가 퇴직해도 생활하는 데 무리가 없던 차에 큰 목돈을 굴릴 수 있으니 명퇴 프로그램을 안 쓸 이유가 없었다는 것입니다. 게다가 나름대로 준비를 철저히 했더군요.

퇴직금을 주식에 투자할 요량으로 일시금으로 받으면 세금이 얼마인지 물어봤더니 4,620만 원이라고 했답니다. 명퇴금 4억 원에 무슨 세율이 10%가 넘게 나오느냐고 되물었더니 이미 DC에 들어간 퇴직 적립금 1억 5천만 원까지 합산해서 한꺼번에 세금을 매긴다고 하더랍니다. 명퇴금에서 5천여만 원 정도의 세금을 떼고 준다고 하니까 너무 아까워서 그냥 IRP개인형 퇴직연금 계좌로 받기로 했답니다.

여기서 잠깐 퇴직금을 일시금으로 받을 때와 연금으로 받을 때의 세금 차이를 짚고 넘어가겠습니다.

우선 퇴직금을 일시로 받을 경우 퇴직소득세는 어떻게 계산되는지부터 살펴봐야겠습니다. 국세청 홈택스에 가면 연도별로 퇴직소득세 모의 계산을 할 수 있게 나오는데, 철수는 2024년에 퇴직을 했으므로 2024년 퇴직소득세 모의 계산을 선택해서 계산합니다. 과세표준의 기준은 퇴직금이 5억 원 초과 10억 원 이하면 42%의 세율이 적용되므로 액면으로만 보면 무슨 세금을 절반이나 떼가냐며 화가 날 수도 있을 텐데, 여러 가지 공제를 해주기 때문에 일반적인 월급쟁이라면 최종 세율은 생각보다

빈털터리 월급쟁이의 터닝 포인트

적게 매겨질 것이니 그리 열 받을 일은 없을 것입니다.

홈택스의 모의 계산 화면을 들어가 보면 단순하게 나와 있습니다. 과세표준을 계산한 후 퇴직소득세액을 계산하는 프로세스입니다. 중간 정산도 하지 않은 경우라면 입사일, 퇴사일, 퇴직금만 입력하면 세금을 얼마 내야 하는지 금방 나오니까 아주 편리합니다. 철수의 퇴직소득세를 계산해보니 최종 세율이 8.4%가 적용되었네요.

홈택스 앱의 모의 계산기를 사용하지 않고 수기로 퇴직소득세를 계산하면 아래와 같은 단계를 하나씩 거쳐야 합니다.

① 퇴직소득금액에서 → ② 근속연수 공제를 하고 → ③ 환산급여를 계산합니다.{(①-②)×12배 ÷ 정산근속연수} → ④ 그런 뒤 환산급여별 공제를 하면 → ⑤ 퇴직소득 과세표준이 나옵니다. → ⑥ 여기에 세율을 곱하면 {⑤×세율} 환산산출 세액이 나오고 → ⑦ 이를 토대로 퇴직소득 산출세액을 계산하면{⑥×전산근속연수 ÷ 12배} → ⑧ 신고대상세액이 얼마인지 알 수 있습니다.

이 밖에 세액공제 또는 기납부세액이 없으면 신고대상세액이 최종 퇴직소득세액이 되는 것입니다.

퇴직 금액별 누진공제액은 얼마인지, 내가 얼마나 다녔는지

근속 연수 공제도 확인해야 하고 이렇게 수작업을 할 수는 없는 노릇이죠. 홈택스 앱을 빨리 내려받아서 시뮬레이션해 보기를 바랍니다.

철수가 세금 떼고 명퇴금을 준다고 하니까 단순히 열 받아서 일시금이 아닌 연금으로 받겠다고 한 것이 아니라 자기 말대로 확실하게 주판알을 튕겨본 게 맞네요.

단순 계산으로도 연금 형태로 받으면 퇴직급여 5억 5천만 원에 대해서 8.4%의 세율이 아니라 30%를 감면받은 5.88%의 세율이 적용되므로 3,234만 원의 퇴직소득세가 부과되어서 일시금으로 받을 때와 비교해서는 무려 1,386만 원의 세금이 절약됩니다.

연금 형태로 받으면 이렇게 퇴직소득세가 절감되는데도 여전히 현실은 90% 남짓 되는 분들이 퇴직연금을 일시금으로 받았다고 합니다. 의외로 이 절세 방법을 몰라서 퇴직금을 한 번에 타는 경우가 대부분입니다. 또는 이 사실을 알고 있더라도 급하게 목돈이 필요해 제대로 저울질해보지 않고 결정했거나, 아니면 퇴직금 액수 자체가 아예 적어 필요성을 느끼지 못했을 수도 있었을 것입니다. 그래서 다음 장에서 설명할 '퇴직연금 수령액의 마술' 편을 꼭 읽어보시기 바랍니다.

철수의 얘기를 더 들어봐야겠습니다. 철수는 여기에 덧붙여

자기만의 추가적인 절세 전략을 고안해냈다고 합니다.

7억 원의 연금 재원이면 별도의 상품 투자 없이 그대로 계좌에 넣어둬도 지급하는 예탁금 이용료가 자기가 거래하는 증권사는 3.5%를 준다고 하니까 아주 보수적인 방법으로 현재의 이용료 수준만큼의 수익률만으로 굴린다고 가정해도 60세부터 80세까지 월 4백만 원 정도의 퇴직연금을 받을 수 있다고 합니다. 연금을 20년 동안 받기 때문에 운용수익에 대한 연금소득세도 70세부터는 5.5%에서 4.4%로 줄게 되어 추가적인 절세 효과가 생긴다고 열심히 설명해줍니다.

부러우면 지는 것이라는 말이 있지만 듣고 있자니 마냥 부러울 따름입니다. 그런데 생뚱맞게도 자신은 2년 후인 55세부터 연금을 받기로 했다는 겁니다.

"아니, 새로운 직장도 구했다면서 뭘 그렇게 일찍 받아? 아까는 60세부터 20년을 받는다고 하지 않았니?"

당연히 60세부터는 월 4백만 원씩을 받고, 55세부터는 월 1만 원을 받는다는 겁니다.

"만 원? 그거 받을 거면 뭐 하러 받아? 그리고 직장 다니고 있는데도 퇴직연금을 받을 수가 있어?"

"형님! 명퇴도 퇴직이에요. 퇴직금이 IRP로 들어오는 순간, 제가 직장을 다니고 있어도 55세가 되면 연금을 개시할 수 있답니다."

그렇게 5년간 월 1만 원의 퇴직연금을 받으면 60세까지 5년이라는 수령 연차를 벌었기 때문에 65세부터 받는 연금에서는 30%가 아닌 40%의 퇴직소득세를 감면받을 수 있으므로 유리하다는 논리였습니다. 부연 설명까지 해줍니다.

"저의 퇴직급여액이 5억 5천만 원이라고 했잖아요? 만약 제가 55세가 아닌 60세부터 연금을 개시했다면 월 4백만 원의 연금을 받겠다고 했으니까 11년이 지나면 퇴직급여액을 거의 다 소진합니다. 그렇게 되면 퇴직소득세를 30%만 감면받아요. 그런데 55세부터 1만 원으로 개시하고 60세부터 4백만 원으로 늘려서 받는다면 10년 차까지의 수령 기간에 받은 2억 4천만 원에 대해서는 30%를 감면받고, 11년 차부터 받을 나머지 3억 1천만 원에 대해서는 40%를 감면받으니까 당연히 이익 아니겠어요?"

"그래서 얼마나 이익 보는데?"

"11년 차인 65세부터는 퇴직세율 감면이 30%가 아니라 40%가 적용되니까 퇴직세율은 5.88%에서 5.04%로 떨어집니다. 만원부터 5년간을 받으니까 그 효과가 정확히 2백만 원입니다."

있는 놈들이 더 하네요. 월 1만 원은 뭐고 2백만 원 넘게 추가로 절세하는 방법은 또 뭔가 싶더라고요. 제가 삐딱선 타는 데는 또 일가견이 있잖아요?

그냥 대단하다라고만 하고 넘어갈 수는 없죠.

"제수씨가 계속 학교 다닐 거고 나중에 연금도 많이 받을 텐데, 이왕 55세부터 받을 거라면 나는 단 한 살이라도 젊고 건강할 때 세계여행이나 다니면서 다 써버리겠다. 아무리 그래도 200만 원 아끼자고 한 달에 만 원은 좀 심하지 않냐? 너답지 않게."

철수는 나라에 세금 더 내는 것은 죽어도 싫다고 하네요, 그러더니 슬쩍 열 받는 질문을 던집니다.

"형님! 애들 결혼할 때 적어도 얼마 정도 줄 생각이세요?"

"모아둔 돈이 없으니까 지금이라면 뭐 줄 돈이 없지. 그런데 우리 애들은 결혼 안 한대."

'그러면 그렇지!'라고 회심의 미소를 던지는가 싶더니 그래도 저를 위로해준답시고 이렇게 얘기합니다.

"저라고 뭐 모아둔 돈이 많겠습니까? 저도 아들이 결혼하게 되면 목돈을 마련해야 하는데, 현금을 쌓아두고 있지는 않으니까 그때는 몇 달 동안 퇴직연금을 많이 받아서 충당해야 합니다. 예를 들어 우리 아들이 12월에 결혼하는데 1억 원 정도의 목돈을 마련해줘야 한다면 7~11월까지 5개월 동안은 매월 2천만 원씩 연금으로 받을 생각입니다."

퇴직연금의 월 최저 수령액은 1만 원입니다. 월 1만 원부터 받을 수 있다는 말은 월 2천만 원도 받을 수 있다는 뜻이기도 합니다. 철수는 퇴직연금 지급 조건을 잘 활용하겠다는 얘기인 것이죠. 퇴직 적립금이 많고 적음의 경우로만 효과 여부를 따질 것이 아닙니다. 다음 페이지의 '퇴직연금 수령액의 마술'에서도 소개하겠지만 매월 연금 수령액 조정이 가능하다는 것을 기억하라는 뜻입니다. 퇴직연금을 깨지 않아도 목돈 만드는 방법이 있다는 사실을 알려드리고 싶은 것입니다.

철수의 경우는 우리 같은 월급쟁이가 적용하기는 다소 무리가 있겠지요. 철수처럼 명퇴금을 많이 받지도 못할 것이니 그림의 떡이라고도 할 수 있겠습니다.

그리고 만약 철수가 재취업에도 성공하지 못하고 아내가 직장에 다니지 않는 상황이었다면 55세부터 월 1만 원이 아닌 400만 원을 받을 수밖에 없을 것입니다.

제가 강조하고 싶은 포인트는 목돈이 급하게 필요해서 당장 써야 할 경우라도 퇴직금은 일시금으로 받지 말고 일단 IRP 계좌에 넣어두라는 얘기입니다. 그 후에 해지해서 일시금으로 받든지 철수처럼 월 단위로 활용하든지 해도 늦지 않으니까요. 아무래도 일시금으로 받게 된 돈은 다른 용도로 쓰일 가능성이 클 것입니다. 절세 효과도 크지만, 무엇보다도 연금 본연의 기능인 노후 생활을 위해서라도 안정적으로 길게 받는 것이 여러 이벤트별로 대응하기가 유리하기 때문입니다.

설사 철수의 경우처럼 퇴직소득세 절감 또는 월 연금 수령액을 달리 받는 등의 기법을 모르더라도 앞 장에서 언급한 광수의 사례만 봐도 왜 연금 형태로 받아야 유리한지를 알 수 있었잖아요? 광수는 퇴직 적립액이 2억 원에서 출발했지만 일시금으로 받지 않고 연금으로 받았더니 총연금 수령액이 5억 5천만 원을 훌쩍 넘었습니다. 만약 광수가 연금으로 받지 않고 2억 원을 그냥 일시금으로 받았더라면 어떻게 되었을까요? 다시 말해 퇴직연금은 그 자체만으로도 의미가 있습니다.

지금부터는 철수가 얘기한 근거를 찾아봐야겠습니다.

• 퇴직연금 수령액의 마술

철수와의 만남은 저에게 여러 가지 시사해 준 바가 컸습니다. 만 원 때문에 기억하는 것이 아니라 저 들으라고 결혼 등에 필요한 목돈 마련의 방법까지 퇴직연금에서 찾을 수 있다고 하니까 실제 그런지 공부해야겠습니다.

앞에서 퇴직연금을 연금 방식으로 수령한 비율이 10.4%라는 기사를 소개해드렸는데, 역으로 얘기하면 89.6%나 되는 분들이 일시금으로 받았다는 뜻입니다. 목돈이 필요한 경우라고 하더라도 수령액 조정에 대한 지식이 있었다면 굳이 일시금으로 받지는 않았을 텐데 많이 안타깝습니다. 그래서 철수가 얘기해준

일시금으로 받을 정도로 급하게 목돈이 필요한 경우에도 퇴직연금을 깨지 않고 해결할 수 있는 방법에 대한 근거를 찾아보겠습니다.

첫 번째 선택은 명예퇴직이나 정년퇴직 등 퇴직 시점입니다. 퇴직금을 어떻게 받을 것이냐고 회사는 근로자에게 물어보게 되어 있습니다. 근로자로부터 일시금으로 받을 것인지, IRP로 받을 것인지를 확인한 후에 DC나 IRP가 개설된 금융기관에 서류를 보내는 절차거든요. 이때 선택을 잘하셔야 합니다. 특별한 이벤트가 있지 않은 한 IRP로 받겠다고 하면 됩니다. 설사 목돈이 많이 들어갈 일이 있어서 어쩔 수 없이 일시금으로 받을 경우라도 일단은 IRP로 받겠다고 하세요. 회사는 근로자의 퇴직일로부터 14일 이내에 IRP 계좌가 있는 금융기관에 퇴직 적립금을 입금하게 되어 있으니까 IRP로 입금된 후에 결정해도 늦지 않습니다.

두 번째 선택은 퇴직연금 수령이 개시된 시점입니다. 퇴직연금의 최소 수령액이 월 1만 원이라고 말씀드렸는데, 그렇다면 최대한도는 얼마일까요?

연금수령한도는 퇴직연금을 수령할 수 있는 연간 한도를 말합니다. 계산방식은 이렇습니다.

연금수령한도 =
연금계좌 평가금액 ÷ (11-연금수령연차) × 120%

    이 계산방식은 2013년 3월 1일 이후에 IRP 계좌를 개설한 경우부터 적용됩니다. 해당 시점 이전에 가입한 분들은 연금을 5년에 걸쳐서도 인출하도록 정해졌었으므로 연금수령연차가 곧바로 6부터 시작하니까 별문제가 없겠지만, 2013년 3월 1일 이후라면 10년에 걸쳐서 받아야 하기 때문에 1부터 시작하게 되어 있으니까 계산방식을 알아둬야 합니다. 연금수령한도를 정해놓은 이유는 한도 이내로 인출할 때만 퇴직소득세를 감면해주겠다는 뜻이니까 한도를 초과해서 받으면 퇴직소득세를 감면해주지 않겠다는 얘기입니다. 세금 문제 때문에 만든 계산방식입니다. 길게 받으라는 의미인 것이죠.

    연금계좌 평가금액은 최초 연금 수령 시에는 수령 개시 신청일에 연금계좌에 있는 금액이며, 그 이후는 매년 월 1일 기준 연금계좌에 있는 금액이 됩니다. 매년 1월 1일 기준으로 이전 연도에서 수령한 금액을 제외한 금액이 평가금액으로 갱신이 됩니다. 분모의 11이 중요합니다. 연금수령연차가 11년이 넘으면 한도가 없어지는 것이므로 내 연금계좌 평가금액만큼 다 받을 수 있다는 뜻입니다. 아까 물어본 답이 나왔죠? 최대한도는 연금계좌에 들어있는 평가금액 전부라는 것을.

연금을 수령하기 위해서는 3가지 조건이 있는데, 가입 기간이 5년 이상일 것, 55세 이후에 수령할 것, 연금 수령 한도 내에서 받을 것입니다. 이 중 5년 이상 가입은 55세 이후에 수령하면 자동적으로 소멸되는 조건이고, 연금 수령 한도 내에서 받으라는 조건은 한도를 초과해서 받을 경우 퇴직 적립금에 대해서 퇴직소득세를 감면해주지 않겠다는 의미이므로 중요합니다.

물론 연금을 10년 이상, 매월 일정한 금액으로 받는다면 연금 수령한도를 크게 걱정할 필요는 없습니다. 철수의 사례처럼 자녀 결혼 등으로 목돈이 필요한 경우라면 연금수령한도를 초과할 가능성이 크므로 해당연도에 대해서만 감면받지 못한다는 사실을 알고 있으면 되는 것입니다. 목돈이 필요하면 연간 연금 수령한도를 초과해서라도 받아야겠죠. 그렇게 하는 것이 퇴직연금을 깨서 일시로 받는 것보다는 유리하니까요.

연금수령연차는 퇴직소득세가 부과되는 연금수령연차, 연금소득세가 부과되는 연금수령연차가 있는데 이 두 가지는 세금 감면 계산방식이 다릅니다. 퇴직소득세 감면 혜택이 적용되는 연금수령연차는 실제 연금을 수령하는 시기부터 적용되지만, 연금소득세가 부과되는 연금수령연차는 연금 수령 여부와 상관없이 연금 수령 조건을 충족한 55세부터 1년으로 계산합니다. 이제야 철수가 55세부터 월 만 원씩 받겠다고 했던 의미를 알겠습니다. 최초 연금수령 조건이 시작될 때부터 카운트를 하겠다는 것이니까요.

철수와 헤어진 후 불현듯 이런 생각이 들었습니다.

'가만있어 보자. 철수가 만 원 받으라고만 얘기한 것은 아니잖아? 철수가 돈이 없어서 아들 결혼할 때 2천만 원씩 다섯 달을 받겠다고 한 게 아니잖아, 나 들으라고 한 얘기지. 철수와 달리 나는 곧바로 퇴직연금을 받아야 막둥이 생활비랑 지금처럼 살 수 있으니까 초기에 많이 받고 나중에 적게 받으면서 10년을 채워도 되는 거 아냐? 아닌 말로 나도 조건만 좋으면 명퇴를 할 수 있잖아. 국민연금이 나오기 전까지 최대한 많이 받다가 국민연금 받으면서부터는 최소로 줄여도 되겠구먼. 만 원을 받을지는 그때 상황 보고 결정하면 되는 것이고.'

매월 평균적인 연금을 받으면서 생활이 안정적으로 유지된다면 아무 걱정이 없겠지만, 중간에 꼭 예기치 않은 일이 생기기 마련이죠. 특히, 자녀의 등록금이나 결혼으로 인해 목돈이 필요할 때는 어떻게 해야 할까요?

퇴직연금의 중도 인출 조건은 무주택자인 근로자가 본인 명의로 주택을 구입하는 경우, 무주택자인 근로자가 주거를 목적으로 전세금 또는 보증금을 부담하는 경우, 근로자와 근로자의 배우자가 또는 부양가족이 6개월 이상 요양하는 경우, 신청일로부터 역산하여 5년 이내에 '채무자 회생 및 파산에 관한 법률'에 따라 파산선고 또는 개인회생절차 개시를 받은 경우, 천재지변 등으로 일정 수준 이상의 물적·인적 피해를 입은 경우에 국한되어 있습니다.

등록금 마련이나 결혼 비용의 경우는 중도 인출 사유가 되지 않으니 퇴직연금을 깨서 일시로 받든지, 대출을 받든지 다른 방법을 찾아야 하는데 저는 퇴직연금의 연금 수령 그 자체로도 방법을 찾을 수 있다는 얘기를 드리고 싶은 것입니다. 철수와 정반대의 방법으로 연금을 수령하면 됩니다.

증권회사에서 운용되는 IRP 계좌라면 연금 수령액은 언제든지 변경할 수 있게 되어 있습니다. 월 연금 수령액을 조절함으로써 목돈을 충분히 인출할 수 있으므로 월 1만 원을 받다가도 이처럼 목돈이 필요할 때는 월 2천만 원도 받을 수 있는 구조입니다. 역으로 말하면 월 2천만 원을 받다가 월 1만 원으로 줄여서 받을 수도 있다는 것이죠.

연금 수령 신청할 때 기간으로 받을 것인지, 아니면 액수로 받을 것인지 둘 중 하나를 선택하게 되어 있습니다. 위의 경우처럼 하려면 연금수령을 신청할 때 10년에 걸쳐서 받겠다, 20년에 걸쳐서 받겠다고 연금수령 기간을 선택하면 연금 액수 조정이 안 되고 매월 같은 액수의 연금을 받을 수밖에 없으니까 매월 얼마를 받겠다고 하는 연금 수령액을 선택해야 합니다.

월 얼마의 연금을 받겠다고 지정해둔 후에 이벤트가 있을 때마다 연금 받는 액수를 수정해 신청하면 됩니다. 처음 선택할 때 연금 수령액으로 선택해야 중간에 연금액에 대한 수정이 가능하다는 점을 잊지 말고 기억했다가 목돈 마련 때문에 대출을 받거나 일시금으로 받아서 연금을 깨는 실수를 미연에 방지하시기 바랍니다. 연금수령한도를 초과해서라도 목돈이 필요하면 받으면 됩니다.

연금수령한도를 초과한 연도에 대해서만 퇴직소득세 감면을 받지 못할 뿐이니까 굳이 퇴직연금을 깨서 일시금으로 받지 않아도 다른 방법을 찾을 수 있다는 것만 기억하면 됩니다.

IRP 개인형 퇴직연금, Individual Retirement Pension

원래 취지는 퇴직금을 보관하는 통장으로 만들어졌습니다. 소득이 있는 분은 퇴직 전에 IRP 계좌를 개설해야 합니다. 요즘은 한 곳의 직장에서만 은퇴를 맞이하기보다는 여러 군데 직장을 거쳐서 은퇴하는 추세이므로 이직할 때마다 발생하는 퇴직금을 일시로 받지 않는다면 IRP 계좌로 넣어줘야 합니다. 하나의 퇴직 적립금 통장으로 관리되다가 55세 이후부터는 퇴직연금을 수령하는 통장의 기능까지 하는 것이죠.

　단순한 보관 통장 기능만 있다면 활성화되기 어려웠겠죠. 안정된 노후 자금 마련을 위해 다양하게 투자할 수 있도록 만들었고, 개인연금으로서의 세제 혜택도 주기 때문에 필수 계좌입니다. 연간 최대 1,800만 원까지 추가 납부가 가능하며, 최대 900만 원 한도로 연말정산 시 세액 공제를 받을 수 있습니다. IRP로만 세액 공제를 받을 수도 있고 연금저축과 함께 운용하셔도 됩니다. IRP 계좌는 금융기관별로 1개씩 만들 수가 있는데, 굳이 여러 개를 만들 필요는 없습니다만, 개인연금의 세액 공제를 받는 IRP와 퇴직연금을 받는 IRP로 구분해서 투자하려는 분이 있다면 2개를 만들어도 무방합니다.

　명예퇴직금이 입금되거나 정년퇴직하면 그동안 DC로 운영되었던 자금은 IRP로 일원화되어서 운용됩니다. IRP의 운용 및 활용에 대해서는 DC형과 퇴직연금 편에서 이미 팁Tip을 알려드렸으니까 개인연금과 관련해서만 추가로 이해하면 되겠습니다.

개인연금

개인연금에 가입해야 하는 근본적인 이유는 뭘까요? 개인연금은 세액 공제를 받는 연금저축과 IRP를 말합니다. 제가 주변에 항상 하는 말이 있습니다.

"늦지 않았으니 지금부터라도 개인연금에 가입하십시오."

30년 전에도 얘기했고, 지금도 얘기하는데 도통 제 친구들이 말을 듣지 않네요. 30년 전에는 돈이 없다고 하면서 가입하지 않더니, 이제는 나이 먹어서 가입하면 무슨 효과가 있느냐며 가입을 하지 않습니다. 제가 물어봅니다.

"노후 준비가 다 되어 있으니까 가입하지 않고 있는 거지?"

제 친구 중 절반 이상이 연금저축이나 IRP로 운용하지 않고 있더군요. 가입했더라도 세제 혜택 한도까지 납입하지 않는 경우가 허다합니다. 20년 전에 가입해도 되었을 텐데, 아니 10년 전에만 가입했어도 되었을 텐데 가입을 미루다 보니 지금은 아예 포기하는 모양새입니다.

그러면서 노후에 뭐 먹고 살지 걱정만 하고 있습니다.

생애주기를 말하는 라이프 사이클Life Cycle은 소득곡선과 소비곡선을 통해 현재 내 상태를 이해하는 데 도움을 줍니다. <표 2>와 <표 3>은 둘째 딸이 그려준 소득 소비 곡선인데요. 소비가 소득을 역전하는 C 구간인 노년기를 어떻게 준비할 것이냐에 대한 노후 대비 컨설팅 목적으로도 이미 많이 활용되고 있습니다.

<표 2> '3층 연금'이 갖춰지기 전의 소득곡선과 소비곡선 비교

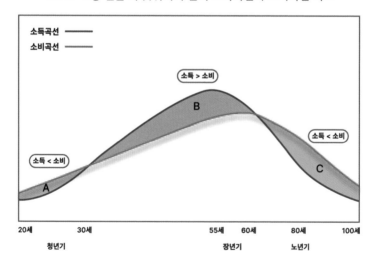

빈털터리 월급쟁이의 터닝 포인트

소득곡선은 임금피크제가 적용되는 55세 시점에서 최고점을 찍은 이후로 계속 떨어집니다.

완만하게 떨어지는 것이 아니라 가파르게 떨어집니다.

노후 컨설팅 목적으로 활용되는 이런 그래프 기울기는 사실 과장된 면이 없잖아 있기는 해도 수명이 100세로 길어진 노후에 먹고 살기 어려운 구조인 것은 사실입니다.

그렇다면 먹고살 만하게 준비한 3층 연금이 갖춰진 이후의 소득곡선은 어떤 모양일까요?

<표 3> '3층 연금'이 갖춰진 후의 소득곡선과 소비곡선 비교

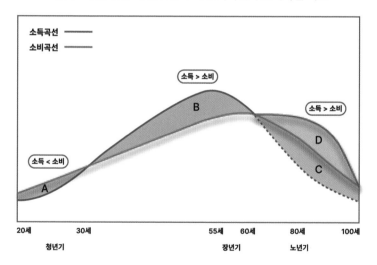

<표 3>에서 황금색으로 새롭게 그려진 선이 수정된 소득곡선입니다. 60~80세 시점에서의 소득곡선은 완만하게 떨어지는 구조입니다. 60세 이후 소비가 소득을 역전하는 구간이 없어진 대신에 여전히 소득이 소비보다 많게 되는 새로운 D 구간이 생겼습니다. 국민연금과 퇴직연금만으로는 새로운 D 구간이 나오기 쉽지 않죠. 외벌이인 경우 다소 버거울 수 있는 구조입니다. 하지만 맞벌이라면 얘기가 달라집니다. 부부가 같은 수준의 소득이라면 금상첨화겠지만 그렇지 않은 경우가 대부분일 것입니다. 국민연금과 퇴직연금은 소득 수준에 따라서 연금 액수가 달라지는 구조입니다만, 개인연금은 그렇지 않습니다. 부부가 합산해서 세액 공제 한도까지는 맞출 수 있습니다. 배우자와 차 한 잔하면서 개인연금을 같이 준비해 보시기 바랍니다. 지금이라도 늦지 않았습니다.

저는 50~60세에 어떻게 대응하느냐에 따라서 <표 3>과 유사한 소득곡선이 가능하다고도 봅니다. 인생 전 기간이 중요하겠지만, 적어도 이 10년의 시간이 가장 중요한 것은 퇴직연금과 개인연금이 일정 정도 규모에 도달하고 있는 시기이기 때문입니다. 규모가 있기 때문에 수익률을 현실적으로 잡을 수가 있습니다. 현실적이지 않은 수익률을 좇다 보면 무리하게 공격적인 포지션을 취할 수밖에 없을 것이고 그러다 보면 원금 손실 가능

성도 커집니다. 원금을 지키면서 수익률을 올리려면 절대 조급해서는 안 됩니다. 퇴직연금만 있으면 조급해질 수 있어요. 그래서 개인연금이 필요한 것입니다.

왜 개인연금이 중요하냐?

가입하고 가입 안 하고의 문제뿐만이 아니라 납입금이 얼마냐에 따라 차이도 크기 때문입니다. 개인연금을 통해 노후 사다리를 완성함으로써 빌딩 없이도 월세를 받을 수 있는 마지막 퍼즐을 맞춰봐야 하겠습니다.

세제 혜택

개인연금에 가입해야 하는 이유는 나라에서 가장 크게 주는 세제 혜택 때문입니다. <표 4>에서 보듯이 세제 혜택을 주는 개인연금은 총급여가 5,500만 원 이하의 경우 16.5%의 세액 공제를 해줍니다. 금액으로 보면 연간 최대 148만 5,000원을 환급받습니다. 총급여가 5,500만 원을 초과하는 경우 13.2%의 세액 공제로 연간 최대 118만 8,000원이 환급됩니다. 세제 지원을 하는 개인연금의 종류로는 연금저축과 IRP가 있습니다. 연금저축은 연간 600만 원까지, IRP는 연간 900만 원까지(연금저축과 IRP 합산해 총 900만 원까지)가 세액 공제 대상 최대한도입니다.

<표 4 > 개인연금의 세액 공제

총급여(종합소득금액)		5,500만 원 이하 (4,500만 원 이하)	5,500만 원 초과 (4,500만 원 초과)
세액공제율(주민세 포함)		16.5%	13.2%
공제대상 납입액	연금저축 (최대 세액공제 금액)	6,000,000원 (990,000원)	6,000,000원 (792,000원)
	연금저축 + IRP (최대 세액공제 금액)	9,000,000원 (1,485,000원)	9,000,000원 (1,118,000원)

왜 세제 혜택 금액의 한도를 정해놨을까요?

개인연금은 달리 말하면 1년에 총급여에 따라 최대 16.5% 또는 13.2%의 이자를 주는 상품입니다. 세상에 이런 상품을 본 적이 있나요? 연금수령 시 3.3~5.5%의 연금소득세를 내니까 기분 나쁘다고 가입을 안 하는 분도 계십니다.

하지만 연금소득세를 지금 당장 내야 하는 것도 아닙니다. 세금은 연금을 받을 때 내는 것이므로 세금 이연의 효과까지 부수적 혜택으로 얻는 상품인 것이죠. 이런 훌륭한 상품에 가입하지 않을 이유가 없습니다. <표 5>에서 보듯이 연금소득세율은 나이에 따라 3.3%~5.5%입니다. 이를 빼고도 개인연금은 연간 수익률이 높은 편입니다. 총 급여액이 5,500만 원 이하(종합소득금액 4,500만 원 이하)의 경우 11~13.2%, 총 급여액이 5,500만 원 초과(종합소득금액 4,500만 원 초과)할 경우 7.7~9.9%에 이릅니다.

중요한 사실은 내가 소득이 있어서 개인연금을 납입하고 있다면 매년 세액 공제 혜택을 받는다는 것입니다.

<표 5> 연금소득세율

연금수령일 기준나이	70세 미만	70세 이상 ~ 80세 미만	80세 이상
세율(주민세 포함)	5.5%	4.5%	3.3%

우리는 1년에 한 번 연말정산을 합니다. 개인연금으로 얼마만큼의 세금을 돌려받았는지 알 수 있습니다. 환급액을 확인했다면 그 금액을 재투자해야 하는데 그렇게 하는 분이 많지 않습니다. 세액 공제받은 금액만큼을 다시 개인연금으로 넣어서 투자하면 실질적인 효과를 눈으로 확인할 수 있는데, 그러지 않다 보니 세액 공제받은 효과를 실감하지 못하는 것입니다. 그도 그럴 것이 연말 보너스는 통상 다음 해 1월 말이나 2월 초에 지급됩니다. 그러다 보니 요즘 어지간한 회사에서는 보너스 지급할 때 미리 연말정산 결과를 시뮬레이션해서 계산한 세액을 보너스에서 차감한 후 지급하기 때문에 돌려받았다는 생각조차 못하는 구조입니다. 연말 보너스를 지급하지 않는 회사에 있는 직원이라면 2월 월급에서 돌려받는다는 것을 체감할 수도 있겠습니다만 그렇다고 그 세액 공제받은 금액만큼을 개인연금에 추가로 납

부하지는 않더라구요.

바로 여기에 핵심이 담겨 있습니다. '개인연금에서 받은 세액 공제액만큼은 반드시 개인연금에 추가 납입해야 한다'라는 것입니다. 뒤늦게 개인연금에 가입하는 분이라면 재원 확충을 위해서라도 더 그래야 할 것이고, 일찍 개인연금에 가입하신 분들은 그렇게 했을 때 효과가 배가될 것입니다.

연금저축은 나이와 상관없이 누구나 가입할 수 있지만 세액 공제 혜택을 받으려면 소득이 있어야 합니다. 세액 공제 혜택을 받을 수 있는 한도는 연간 600만 원입니다. IRP는 소득이 있는 사람이면 누구나 가입할 수 있고, 세액 공제 혜택을 받는 한도는 연간 900만 원입니다. IRP가 나오기 전의 연금저축에 가입했던 분이 아니라면 개인연금을 처음 가입할 때 아예 IRP로 단일화하는 것을 추천합니다.

개인연금은 단 1만 원이라도 일단 가입하시기를 바랍니다. 취직했으면 최소 월 10만 원은 자동이체로 빠져나가게 해놓으세요. 퇴직 후 몇 년간에 걸쳐서 얼마를 받으려고 하는지에 대한 시뮬레이션을 해봐야 얼마를 낼지가 합리적으로 결정될 것입니다. 국민연금과 합쳐서 기본적인 노후생활이 가능한지 아닌지를 봐야 하는 것입니다. 개인연금을 매월 얼마를 언제까지 납입해야 할지 시뮬레이션했지만 막상 납입 액수에 대한 부담이 생깁니다. 시뮬레이션 결과 이 정도는 납입해야 한다고 나왔는데 지금 당장은 내 형편상 납입하지 못할 수 있다는 것이죠. 이런 경우 너무 고민하지 마시고 지금 형편에 맞게 납입하면 됩니다. 월급이 적을 때는 적게 내다가 월급이 오르는 비율에 따라서 차근차근 납입 액수를 늘리시면 됩니다.

개인연금은 국민연금과 달리 저절로 물가상승률을 반영하지 않으므로 오로지 수익률과 긴 가입 기간만이 정답입니다. 월급쟁이라면 빨리 가입하는 것이 절대적으로 유리합니다. 수익률이 고정적이라면 길어진 납부 기간과 적립 기간을 늘리는 방법밖에 없습니다. 통상 복리의 마법이라고 불리는 72의 법칙 효과 때문입니다. 72를 연간 복리수익률로 나누면 원금이 두 배가 되는 기간과 같아진다는 법칙입니다. 예를 들어 연간 8%의 복리수익률이라면, 72÷8 =9가 나오죠. 즉, 연 8%짜리 복리 상품이 9년만 굴러가면 원금이 두 배가 되는 이치입니다.

연금저축은 2001년 이전과 이후로 세제 혜택도 다르고, 과세 여부도 다릅니다. 2001년 이전에 가입한 연금저축을 구舊 개인연금이라고 하는데, 2000년 12월까지 가입한 고객이 해당합니다. 소득공제 최대한도가 연 72만 원으로 적었지만, 연금 수령 시 내는 세금인 연금소득세가 없습니다. 만약 독자님이 2001년 이전에 연금저축을 가입했다면 절대로 해지하지 말고 유지하시기 바랍니다. 납입 기간이 끝났더라도 금융기관별로 추가 납입이 가능한 곳도 있으니 월 불입 한도인 1백만 원까지 추가 납부를 적극 권합니다.

2001년 이후에 가입한 연금저축의 경우는 수익률이 높은 금융기관으로의 계약이전을 고려해 보시기 바랍니다. 유의할 점은 보험회사에 가입한 연금저축의 경우 확정금리를 주는 상품인지 아닌지를 보고 결정해야 합니다. 만약 4% 이상의 고정금리로 운용되고 있는 상품이라면 계약 이전을 고민할 필요는 없지만, 단순하게 공시이율로 운용되고 있다면 계약이전을 통해 펀드로 운용되었을 때의 수수료와 운용 수익률 등을 고려해 판단하면 되겠습니다.

개인연금 세액 공제 혜택의 한도금액이 900만 원이니까 월 75만 원은 납입해야 최대한 절세를 받을 수 있는데, 주변에 물어보면 월 75만 원씩 납입하는 경우가 많지 않더군요. 이것이 현실입니다. 혹시 개인연금에 월 75만 원을 납입하고 있지 않으면서도 별도로 적금을 20~30만 원 정도 납입하고 있다면 개인연금으로 월 75만 원에 맞추는 것이 어떨까 싶습니다. 물론 연금과 적금의 목적이 다르겠지만 기본적으로는 개인연금의 세제 혜택을 적금 이율이 못 따라오기 때문입니다.

빚이 있던 기간 중에도 개인연금을 깨지 않은 이유는 자동이체로 월급에서 자동으로 빠져나가도록 한 강제성도 있지만 그동안 받았던 세제 혜택을 뱉어내는 게 너무 억울했기 때문이었습니다. 억울하게 느껴지는 이유는 세제 혜택은 미리 받은 것이고, 연금소득세는 연금 수령 시 내는 것이므로 시차가 많이 발생하기 때문입니다. 그 시차로 인해 개인연금을 해지할 경우 세제 혜택 받은 금액은 이미 잊어버린 지 오래되어서 오로지 기타 소득세 16.5%만 기억할 수밖에 없게 되는 것이지요. 그래서 역설적으로 해지 시 불이익이 있는 상품에 가입해야 합니다. 억울해서라도 깨지 않고 오래 유지해야 나중에 돈이 되기 때문입니다.

개인연금 불입액을 본인의 형편을 고려하지 않고 무조건 최대 한도로 납입하라는 얘기만은 아닙니다. 직장생활 연차에 맞춰 직급이 오르면서 월급이 인상될 때마다 적지만 꾸준하게 연금 액수를 늘리라는 뜻입니다. 자연스럽게 흘러가는 인생과 궤적을 같이 할 수 있기 때문이기도 합니다. 조금 참고 기다리면 은퇴 시점에서는 신의 한 수였다고 할 수 있습니다.

적금은 중도에 해지할 수도 있습니다. 해지해도 원금 이상은 남아 있으니까요. 하지만 노후를 대비해서 가입한 개인연금 상품은 설사 빚이 있더라도 절대 깨서는 안 된다는 생각을 가질 필요 있습니다. 페널티가 있기도 하지만, 참다 보면 견딜만한 정도가 아니라 안정적으로 올라가는 수익률 때문에 세액 공제받는 금액보다 더 넣고 싶어질 것입니다.

국민연금과 퇴직연금은 나의 의지대로 납입 규모를 결정할 수 없는 구조지만 개인연금은 충분히 내 의지대로 납입 액수를 결정할 수가 있습니다. 은퇴 설계를 스스로 할 수 있을뿐더러 나라에서 세금도 지원해주기 때문에 절대 놓쳐서는 안 되는 상품입니다.

개인연금 납입금액이 적으신 분들은 추가 납입하면서 월 불입액도 늘리시고, 아직 가입하지 않은 분들은 늦지 않았으니 지금이라도 가입하시기를 추천합니다.

개인연금 받기 전에 해지하면 안 되는 이유

여기에서 잠깐 제가 왜 억울해서 개인연금을 깨지 않고 유지했는지 설명해 드리겠습니다. 위에서 세제 혜택 규모를 말씀드렸습니다만, 나라에서 이렇게 많은 세제 혜택을 왜 줄까 생각을 해보셔야 합니다. 국민연금만으로는 노후 대비 준비가 부족하기 때문입니다. 그렇다고 공적 연금을 추가로 운용할 수는 없으니 개인이 알아서 노후 준비를 하라는 겁니다. 대신 나라에서는 이렇게 혜택을 주겠다는 것이죠. 단, 조건이 있습니다. 연금을 중도에 해지하거나, 한꺼번에 받으면 안 된다는 것이죠.

중도에 해지하거나 일시금으로 받으면 노후 자금 용도로 사용되지 않을 가능성이 크므로 연금 형태로 받으라는 것입니다. 만약, 본래의 취지에 맞지 않게 연금 이외의 방법으로 수령하면, 즉 중간에 해지하거나 일시금으로 받을 경우에는 페널티를 주게 되어 있습니다. 16.5%(주민세 포함)의 기타 소득세를 부과합니다. 연금 계약을 계속 유지해 연금 개시일 이후 연금 형태로 수령하면 문제될 게 없는데 그렇지 않고 중도에 해지하는 경우 '연금 외 수령한 소득'으로 간주하기 때문입니다. 이렇게 되면 소득세법 제21조에 따라 기납입액 중 연도별 세액 공제를 받은 납입액과 이자 및 배당금 등의 운용수익 부분에 대해 기타 소득세를 부과받게 됩니다.

기타 소득세를 부과하는 이유 중 하나는 퇴직연금에서도 얘기했듯이 연금수령 한도에서의 연금수령연차 때문에 그렇습니다. 다시 복습해볼까요?

연금수령한도 =
연금계좌 평가금액 ÷ (11-연금수령연차) × 120%

개인연금에서의 연금수령연차는 퇴직연금에서의 연금수령연차와 계산방식이 다르다고 했잖아요? 퇴직연금에서의 연금수령연차는 퇴직소득세 감면 혜택과 관련이 있어서 실제 연금을 수령하는 시기부터 적용되는 것이고, 개인연금에서의 연금수령

연차는 연금소득세와 관련이 있는 것이어서 연금 수령 여부와 상관없이 연금수령 조건을 충족한 55세 또는 납입 5년 이후부터를 1년으로 계산해 적용합니다.

개인연금에서 연금소득세율을 적용받으려면 연금수령연차별 연금수령한도 이내에서 인출해야 하는데, 중도에 해지할 경우 바로 이 연금수령연차가 모자라서 연금수령한도를 초과하게 되므로 '연금 외 수령 소득'으로 보아 기타 소득세가 부과되는 것입니다. 중도에 해지하면 세액 공제 받았던 금액을 다 토해내야 합니다. 해지하지 않고 연금 형태로 받으면 최대 5.5%(주민세 포함)의 연금소득세만 내면 되는데 해지하면 앉아서 총금액의 10% 정도를 날리게 되니 억울하지 않으려면 해지하지 말고 유지해야 하는 것입니다.

여기까지 얘기하면 대부분 이해합니다. 중간에 해지하지 말고 연금 개시할 때까지는 유지해야 한다고 말이죠.

그런데 한 가지 간과하면 안 되는 것이 있는데, 연금을 받다가 해지하는 경우입니다.

개인연금 받다가 해지해도 안 되는 이유

개인연금은 세액 공제를 받지 않은 연금계좌 납입액부터 인출

됩니다. 그런 뒤에 세액 공제를 받은 연금계좌 납입액과 운용수익이 인출됩니다. 세액 공제를 받지 않은 연금계좌 납입액은 연금소득세가 부과되지 않습니다.

세액 공제를 받은 연금계좌 납입액과 운용수익만이 연금소득세를 결정하는 과세 대상이 됩니다.

따라서 소득이 없는 주부는 세액 공제를 받지 않았다는 서류(연도별 세액 공제 대상 납입내역 증명서)를 가까운 세무서에서 발급받아서 금융기관에 제출하면 운용수익에 대해서만 연금소득세를 내면 됩니다. 세무서 가는 것이 번거로우면 국세청 홈페이지를 통해서도 발급받을 수 있습니다.

아무 문제 없이 연금을 받으면 되는데, 사람 일이란 예기치 않게 목돈이 필요할 때가 있습니다. 매년 받는 연금 액수만으로는 모자라 개인연금을 아예 해지하는 일이 벌어지기도 합니다. 이럴 경우 종합소득세 과세 대상이 될 수도 있다는 점을 기억해야 합니다. 개인연금을 해지할 경우 해당 금융기관에서는 해지환급금에서 연금소득세(3.3~5.5%)를 공제해서 지급하는데, 문제는 이렇게 연금소득세를 원천징수한 것으로 세금 납부가 끝나지 않는다는 것입니다.

연금을 받기 전에 해지하면 기타 소득이 되지만, 연금을 받다가 해지하면 연금소득이 됩니다. 연금을 받다가 해지해도 해지 시기가 빠르면 연금수령 한도를 넘을 수 있어서 자칫 기타 소득세가 부과될 수도 있습니다. 이런 경우를 제외한다면 연금을 해지해서 받은 해지환급금은 연금소득으로 잡히게 되는 것이죠.

이런저런 것을 구분하기 귀찮다고 하더라도 쉽게 판단할 수 있는 방법이 있습니다. 내가 연금을 해지했을 때 해당 금융기관으로부터 발급받는 해지 서류를 확인해 보면, 해지금이 기타 소득으로 분류되었는지, 연금소득세로 분류되었는지 알 수 있습니다.

연금을 받다가 중간에 해지하는 경우 금융기관에서 연금 수령자에게 발급하는 '연금소득 원천징수내역 명세서' 소득 구분란에는 연금소득이라고 기재되어 있습니다. 또 원천징수 세액에는 연금소득세를 원천징수 했다고 되어 있습니다. 그 아래에는 종합과세 대상이라고 명기되어 있습니다.

금융기관이 세무서에 발급하는 '연금계좌원천징수영수증/지급명세서'의 세액명세에도 연금소득이 몇 퍼센트 구간에 해당하는지, 세금을 얼마 부과했는지가 기재되어 있고, 납부 명세에도 종합소득세란에 해지 금액이 기재되어 있습니다.

연금소득(연금저축, IRP, 퇴직연금에서의 세액 공제를 받은 금액과 운용수익만 카운트됩니다)이 연간 1,500만 원을 초과하면 분리과세가 아니라 종합소득세 납부 대상이 됩니다. 연금이 개시되었으므로 중간에 해지해서 목돈으로 받아도 해지할 때 연금소득세 5.5%를 납부했으니까 상관없을 것이라고 여기면 오산입니다.

종합소득 신고를 했을 때 연금소득 세율보다 큰 세율 구간에 해당하면 연금소득 세율을 초과하는 금액을 추가로 납부해야 하는 것이지요.

개인연금 등의 금융상품뿐만 아니라 일반적으로 해지나 취소할 때 발급받은 서류는 꼼꼼히 읽어보는 습관을 가지시길 바랍니다. 잘못된 판단이라고 생각되면 즉시 이를 취소할 수 있어야 하거든요. 나의 연금 해지 금액이 1,500만 원을 초과할 경우 연금소득 원천징수내역 명세서와 비교했을 때 종합소득세 과세 대상이 되어 기타 소득과 합쳤을 때보다 세금을 더 내야 하는 경우라고 판단되면 그날 즉시 해지한 것을 취소하시면 됩니다.

연금 수령할 정도의 기간이라면 중도 해지 시 해지금이 1,500만 원을 초과할 가능성이 높으므로 신중해야 합니다.

독자님들마다 개인연금 가입 시기가 다를 텐데요, 2000년 이전 개인연금 상품에 가입한 경우라면 최저 보증이율이 4% 이상 인지 아닌지를 확인한 후 그 이상의 상품이라면 계속 유지하시기 바랍니다. 해당 상품은 이율 면에서도 유리하지만, 연금을 받을 때도 단 한 푼의 연금소득세가 부과되지 않기 때문입니다.

그렇지 않고 예정이율이나 변동금리가 적용되는 상품에 가입한 경우라면 IRP로 옮겨 투자형 상품으로 운용하시기 바랍니다.

상대적으로 운용하는 능력에 따라서는 확정금리형 금리보다 더 높은 수익률을 올릴 수도 있으니까요.

2022년부터는 은행과 보험회사의 IRP에서도 ETF상장지수펀드를 운용하고 있으므로 증권회사의 IRP와 비교해서 어느 금융기관이 나은지를 선택하신 후 DC형처럼 본인이 직접 운용해 보시기 바랍니다. 물론 원금 대비 손해를 보는 경우도 발생할 수 있겠지만 DC형처럼 안정적인 ETF와 채권으로 구성하면 연간 6~8% 정도의 수익을 가져갈 확률이 높습니다. 물론 디폴트옵션으로 지정해놓고 전문가들에게 맡겨서 운영하는 것과 비교해볼 필요는 있겠습니다.

뒤에서도 언급하겠지만 수익률의 개념을 적금의 금리와 비교해서 생각하는 습관을 갖는 것이 중요합니다. 주식투자 하는 분들 얘기를 들어보면 연간 10% 기대 수익률로 주식에 투자한다는 분 없더군요. 앞 장에서 언급한 복리의 마술이라는 '72의 법칙'에서 확인했듯이 연 8%의 수익률이라면 9년이면 원금의 두 배가 됩니다. 10년을 주식했다는 분들에게 물어보시기 바랍니다. 10년 전에 비해서 원금의 2배 이상이 되었는지를 말이죠.

빚 없이 60세 이후에 월 6백만 원 정도의 3층 연금을 받을 수 있다면 부부가 기본적인 노후 생활을 하는 데에는 문제가 없을 것입니다. 월세로 6백만 원이 들어온다고 생각해보세요. 자그마한 꼬마 빌딩의 건물주 반열에 오른 것과 다름없습니다.

월세 수준이 6백만 원이 아니라 3백만 원인들 어떻습니까? 월세를 받을 수 있다는 것이 중요합니다.

국민연금이야 납입 금액이 정해져 있어서 늘리고 줄이고를 할 수 없고, 운용도 내가 하는 것이 아니므로 그냥 흘러가는 대로 놔둘 수밖에 없습니다. 퇴직연금 또한 퇴직 적립금 자체가 거의 고정적이어서 운신의 폭은 운용 수익률밖에 없습니다. 하지만 개인연금은 다릅니다. 내가 자유롭게 납입 금액도 선택하고 운용도 할 수 있습니다.

같은 월급쟁이인 저와 제 친구들의 노후 준비 차이점은 다름 아닌 개인연금 가입 여부와 납입 금액뿐이었습니다.

5

주식 실전 투자 기법

왜 또 주식인가?

세상에 돈 버는 길이 주식만 있는 것은 아니지요. 채권, 코인, 부동산 등에 투자하는 것만이 아니라 회사를 키워 나스닥에 직상장할 수도 있습니다. 음식점이 대박 날 수도 있을 것입니다. 우연히 내가 먹는 것을, 율동 하나를 유튜브에 올렸더니 대박 나서 돈방석에 앉았다는 기사처럼 그야말로 돈 버는 방법이 무궁무진한 세상에 살고 있습니다.

그런데 자세히 보면 모든 것은 주식으로 통하는 게 아닐까 하는 생각을 해봅니다. 부동산이나 코인도 리츠Real Estate Investment Trust나 ETFExchange Traded Fund로 만들어져 주식시장에서 거래됩니다. 금융자산이 아닌 실물 자산, 가상 자산이 간접

적으로 주가지수에 연동되어 매매가 이루어지는 것입니다. 우리가 공짜로 마시는 공기인들 주식으로 만들어서 팔지 않을까요?

게다가 월급쟁이 입장에서는 손쉬운 접근이 주식의 또 다른 매력이지 않을까 싶습니다. 정해진 거래 시간 내에서 팔고 사고 할 수 있고 정보 공유도 쉽게 이루어집니다. 종잣돈의 제한도 없고요. 공부만 제대로 하면 남다른 수익률도 올릴 수 있습니다.

주식 전문가가 아님에도 불구하고 감히 제 얘기를 드리는 것은, 독자 여러분이 자신도 모르게 뭔가 놓치고 있었던 것 혹은 아무리 생각해도 떠오르지 않았던 것이 타인의 얘기를 듣는 도중에 갑자기 떠올라 영감을 얻을 수도 있기 때문입니다. 주식으로 말아먹은 20년도 지난 얘기가 뭐 자랑이라고 얘길 하겠습니까? 허 부장의 투자 원칙이 뭐 쇼킹해서가 아닙니다. 회사에서 늘 보던 상사의 공자님 말씀 같은 얘기는 감동도 못 느끼고 기억에 남지도 않죠. 하지만 그 감동도 없고 기억에 있지도 않았던 똑같은 얘기를 다른 공간에서 다른 사람의 입을 통해서 들었을 때 남다르게 다가온 적이 있지 않던가요?

20년 만의 주식투자

　주식으로 돈을 버는 가장 쉬운 방법은 '쌀 때 사서 비쌀 때 파는 것'입니다. 이렇게 쉽고 단순한 이치는 역설적이게도 가장 어렵고 복잡합니다. 도대체 언제가 쌀 때이고, 언제가 비쌀 때인지를 모른다는 것이죠. 해답을 얻기 위해선 공부를 해야 합니다. 더 나아가 실전을 통해서 잃기도 하고, 따기도 하는 일련의 과정을 밟아야 합니다. 공부와 실전의 과정을 건너뛰어서는 소기의 목적을 이룰 수 없습니다. 어느 정도의 경지에 오르기까지가 쉽지만은 않습니다. 더구나 주식으로 돈 벌기는 더욱더 어렵습니다. 나를 포함한 다른 사람들도 다 돈을 벌고 싶지 잃고 싶지는 않기 때문입니다.

　위에서 말씀드린 3층 사다리가 갖춰진 노후 준비를 나름대로 했다고는 하지만 그것으로 모든 것이 해결되지는 않죠. 요즘 젊은 세대들이 결혼하지 않는다고 해도 막상 자녀가 결혼하게 되면 신접살림에 얼마라도 보태주고 싶지, 그렇지 않은 부모가 어디 있겠습니까? 대학 졸업만 시켰다고 문제가 해결되는 세상이 아니더군요. 주변에는 대학까지 공부시켰으면 그만이지 "뭘 또 (돈을) 해주냐?", "줄 것(돈)도 없다"고들 얘기하지만 부모 마음이 그런 건 아니죠.

성공한 분들의 얘기를 들어보면 자녀와 관련해서는 입시 관련해서 "돈을 쓰지 마라, 학원도 보내지 말고, 빨리 독립시켜라"고 하는데 저처럼 평범한 사람은 그런 결단을 내리기가 쉽지 않습니다. 학원을 보내지 않으면 막둥이는 누구랑 어디에서 놀 것이며, 빨리 독립시키고 싶지만 애들이 나가줘야 말이죠. 억지로 내보낼 수는 없는 노릇입니다.

게다가 2024년 증여세에 관한 세법이 개정되면서 성년 자녀의 경우 기존 10년마다 5천만 원이 공제되는 것에 더하여 결혼 전후 2년 사이에는 1억 원까지도 추가로 증여세가 공제됩니다. 그러다 보니 요즘 우스갯소리로 자녀가 결혼할 때 최소한 1억 5천만 원을 보태주지 못한다면 부모도 아니라는 말이 나옵니다. 부모 노릇 하기 힘들어지는 대목입니다.

저의 경우는 자녀가 세 명이나 되다 보니까 만약에 애들 결혼 자금으로 최소 4억 5천만 원이라는 돈을 준비해 놓고 있지 않으면 아빠 구실 못한다는 말이 나올 수도 있겠네요. 그러나 지금 당장은 집을 팔지 않고서는 보태 줄 돈이 없는 것이 현실입니다. 집을 파는 것도 쉽지 않습니다. 아내는 막둥이가 졸업하려면 10년은 더 있어야 하는데 겨우 하나뿐인 집을 팔아서 어디서 사냐는 것이죠. 그렇다고 애들이 결혼하지 않기를 바랄 수도 없고 답답한 노릇이죠.

허 부장과의 만남을 통해 다시 주식을 해야겠다고는 마음먹었지만, 정작 돈을 벌어서 어디에 쓸 것인지에 대해서는 명확하지 않았었거든요. 애들 핑계로 명확한 이유가 생긴 셈입니다.

인생의 터닝 포인트는 어디에서 찾아야 할까요? 생각하기 나름입니다. 누구는 '잘 나가게 된 때'라고 생각할 수도 있겠지만 저는 제 인생에서 가장 '절망적이었을 때'였던 것 같습니다. 되돌아보면 나의 터닝포인트는 절망이 희망으로 바뀌고, 위기가 기회로 전환되는 시작점이었습니다.

2001년 주식으로 말아먹고 난 이후에는 술만 마시면 지인들에게 늘 했던 말이 있었습니다.

"절대 주식하지 마라! 나처럼 망한다."

그러나, 20년 넘게 흐른 지금은 그냥 차 한잔 마실 때라도 "적금도 좋지만 주식이든 채권이든 열심히 공부해서 잘 해봐!"라는 말은 꼭 합니다.

허 부장의 얘기를 듣고 부러웠지만 곧바로 주식에 뛰어들지는 않았습니다. 3년여의 시간 동안 실제로 투자는 하지 않고 투자 연습만 하며 보냈습니다. 여러 종목을 대상으로 어떤 회사인지, 이익은 계속 나는지, 재무구조는 어떤지, 시세가 어떻게 변하는지를 공부했습니다. 실제로 투자를 한 것은 아니니 그저 감질나던 시기였죠. 이렇게 보기만 하다가 기회를 놓치면 어떡하나 하는 조바심, 실제 그때 샀으면 벌써 두 배는 먹었을 텐데라는 후회가 생길 만큼 실전에 돌입하는 시기가 계속 미루어지고 있었습니다. 그런데 어느 날 주식에 발을 들여놓게 되는 계기가 생기더군요.

주식과 카지노

2022년 싱가포르에 간 적이 있습니다. 묵고 있던 호텔 1층에 카지노가 있었습니다. 여러 나라를 여행하면서도 카지노만큼은 일부러 출입하지 않았는데, 숙소에 카지노가 있다 보니 동료들의 손에 이끌려 자연스레 가게 되었죠.

블랙 잭을 하게 되었습니다. 카드의 합이 21을 넘지 않으면서 딜러보다 높은 숫자를 잡으면 이기는 게임입니다. 그 게임에서 땄냐고요? 천만에요. 1시간도 안 돼서 300달러를 전부 잃었습니다. 게임을 같이했던 동료는 30분 만에 나가떨어졌습니다. 그 친구는 내가 그래도 1시간 가까이 버텼으니 잘 놀지 않았느냐며 잃은 돈보다는 게임 시간에 후한 점수를 주었습니다. 나름 분위기를 사전에 파악한답시고 남들 게임하는 것을 지켜보고 난 뒤에 했는데도 다 털렸습니다. 그 돈으로 30만 원어치 아내 선물이나, 막둥이 장난감이라도 샀더라면 하는 씁쓸한 기분으로 귀

국했습니다. 막둥이가 기대에 찬 눈빛으로 그러더군요.

"아빠! 선물 뭐 사 왔어?"

한 달 후 지인의 추천으로 벤저민 그레이엄의 책을 읽는데, 카지노와 주식을 비교한 눈이 번쩍 떠지는 한 문장이 있었습니다.

> "카지노에 돈 빨리 잃으려고
> 포커판에 뛰어가는 형국이다."

불현듯 예전에 형들이랑 했던 민화투와 포커 게임이 떠올랐습니다. 저는 아들 다섯 중에 막내로 태어났습니다. 형들은 설날이면 민화투를 했습니다. 이때까지 제주도에 고스톱이 상륙하지 못했나 봅니다.

최대 네 명만 칠 수 있다 보니 막내인 저는 낄 수가 없었습니다. 아버지까지 등장하면 넷째 형도 자동 탈락입니다.

어떻게 하든지 화투를 하며 형들과 놀고 싶었습니다. 큰형은 돈을 보여주면 끼워주겠노라고 조건을 걸었고, 나는 코 묻은 세뱃돈을 내놓아야 했습니다. 그제야 나를 겨우 끼워주었는데 그것도 실력이 현저하게 달린 넷째 형이 나가떨어진 이후에야 가능한 일이었습니다. 넷째 형은 판돈을 다 잃고 나면 밖으로 나가더군요. 저는 잃은 게 분해서 나가는 줄 알았습니다. 그런데 몇 분 후 다시 들어오더니 형들이 요구한 판돈을 갖고 오는 겁니다.

나중에 형들의 얘기를 들어보니 기막힌 상황이 벌어졌더군요. 큰형으로서는 그래도 고등학생인 동생 돈을 딴 게 미안하기도 하고 아직 사춘기일 때라 이상한 마음을 먹으면 어떡하나 걱정도 돼서 몰래 따라가 봤더니 마당 항아리 옆에서 땅을 파고 있더라는 겁니다. 분을 삭이려고 땅을 파나 싶었는데 웬걸 땅속에 손을 넣어 비닐봉지를 하나 꺼내는데, 세상에나 그 비닐봉지 안에 돈이 들어있더라는 겁니다.

이 얘기를 하자면 역사가 있습니다.

큰형은 가끔 용돈이 떨어지면 저와 넷째 형의 통장을 빌려달라곤 했습니다. 초등학교 때부터 학교에서는 저축을 장려한다는 취지로 거의 의무적으로 단돈 10원이라도 저축을 하게 했습니다. 아예 학교에 어린이은행 비슷한 게 있어서 부족한 용돈이었지만 저축하는 습관이 생겼던 것 같습니다.

그런 코 묻은 통장을 나중에 배로 갚아줄 테니 형을 믿고 빌려달라는 것이지요. 그러나 제 기억에 한 번도 빌려 간 돈을 두 배는커녕 한 푼도 돌려준 적이 없었던 것 같아요.

물론 나중에 취직해서는 그 돈의 열 배 이상은 꼬박꼬박 용돈을 주셨습니다만.

저는 통장에 있는 돈을 큰형이 다 쓰더라도 또 그 통장에 계속 저축했던 반면 넷째 형은 그러지 않았습니다. 통장에 저축하는 대신 돈을 땅에 묻어두고 필요할 때마다 땅을 파서 꺼내 썼던 것이었죠. 그래야 안 뺏기니까요.

기상천외한 방법 아닙니까?

몇 년 전 밭에 돈을 파묻었다가 발각되었던 범죄 행각에 대한 뉴스를 보고 "아니 저 사람들이 어떻게 우리 형의 수법을 알았지?"라고 술자리에서 형과 깔깔대며 얘기했던 기억도 납니다. 하여간 넷째 형도 형들과 놀고 싶었던 것은 마찬가지였나 봅니다. 돈은 주로 큰형과 셋째 형이 땄고, 둘째 형은 잃은 적이 거의 없었던 것 같습니다.

돈이 다 털려서 더는 끼어들 여력이 없는 저와 넷째 형은 게임이 끝날 때까지 단둘이서 화투를 치기도 했지만 판돈 없는 게임이 재미있을 리가 없었겠죠. 졸음이 몰려와도 형들의 게임이 끝날 때까지 기다려야 했습니다. 그래야 정산이 이루어져서 개평을 받을 수 있었으니까요.

취직한 이후의 명절부터는 게임 종목과 판돈부터 달라지더군요. 막내까지 돈을 벌기 시작하니까 판돈은 커졌고, 종목도 베팅이 자유로운 포커로 바뀌었습니다.

포커는 최대 7명도 할 수 있으니까 형들에게 아쉬운 소리 할 필요가 없어서 좋았습니다. 포커 역시 잘 치는 형들과의 게임은 재미있었을 뿐만 아니라 심장이 쫄깃쫄깃할 정도로 스릴까지 넘쳤습니다. 형들은 판돈을 키우는 데 재능이 있었고, 그럴수록 제 패는 이전 판보다 좋았던 것 같았습니다. 이번에는 딸 것 같은 느낌이 매번 들었습니다. 하지만 단 한 번도 형들과 함께한 큰 판에서 따본 적은 없었습니다.

돈이 다 털릴 때마다 중앙로의 현금 자동출금기로 달려가는 일이 반복되었죠. 서너 번 다녀오고 나서 더 이상 카드 현금서비스를 받을 수 없게 되면 게임은 종료되었고, 돈을 딴 형들은 잃은 돈의 대부분을 돌려주었습니다. 다음 명절에는 반드시 만회하리라 다짐하고 덤벼들지만, 다음 명절에도 그다음 명절에도 형들과의 게임에서 돈을 딴 적은 단 한 번도 없었습니다. 그래도 좋았습니다. 실력 있는 형들의 게임에 동참할 수 있었고, 어차피 잃어도 대부분 돌려받고 게임 후 술까지 얻어먹었으니까요. 형들과 했던 포커와 공인 도박장인 카지노, 이 둘 사이에는 공통점이 두 개 있습니다. 하나는 돈을 따려고, 돈 냄새를 맡으려고 명절과 카지노 개장 시간을 손꼽아 기다린다는 것입니다. 다른 하나는 게임 결과 늘 다 잃는다는 것입니다. 차이점은 소위 말하는 개평과 술값의 유무이었습니다. 형들과의 게임에서는 어차피 잃어도 대부분 돌려받았고, 패배에 대한 속 쓰림을 달래는 술값도 형들이 내주었지만, 카지노에서는 개평은커녕 술도 내 돈으로 먹어야 했으니 말이죠.

그렇다면 주식과 카지노의 공통점은 뭘까요? 20년 전 저의 주식투자를 배경으로 설명해 보겠습니다.

첫째, 당연히 돈 딸 생각으로 합니다.

저 같은 경우라면 카지노야 별로 갈 일도 없거니와 딱 한 번 재미로 하는 수준이니까 잃을 만큼의 액수로만 했었지만, 그렇지 않은 경우라면 "어쩌면 이번 기회에 인생이 바뀔 수도 있다."라는 생각으로 달려들지 않았을까요?

카지노의 전문 도박사들은 연속해 돈을 따면 베팅 금액을 올리고 반대로 계속 돈을 잃을 때는 베팅 금액을 줄인다고 합니다. 일반인들은 정반대로 행동하죠. 연속해서 돈을 잃으면 베팅 금액을 올립니다. 왜일까요? 연속해서 잃었으니까 이번에 좋은 패가 들어오면 한방에 잃은 것을 만회할 수 있다고 생각한다는 것입니다.

흔히들 '도박사의 오류'라고 얘기하는 이 현상이 주식시장에서는 어떻게 작용할까요?

어느 정도 오르면 떨어질까 겁나서 팝니다. 떨어지면 본전만이라도 찾으려고 물타기를 하면서까지 삽니다. 전문 도박사의 패턴과 정반대로 움직입니다. 결과는 어떤 차이를 보일까요? 어느 정도 올라서 팔았더니 더 오르네요. 수익을 많이 내지 못합니다. 물타기까지 하면서 샀더니 더 떨어집니다. 평균 단가가 좀 내려갔다는 느낌만 있을 뿐 결과적으로는 더 많이 잃습니다. 자신이 선택한 종목에 대해 무슨 근거로 확신을 가지게 되었는지는 모르겠습니다만 주가가 계속 떨어져도 곧 오를 것이라는 기대를 버리지 않습니다. 이번에 좋은 패가 들어올 것이라고 기대하는 것과 마찬가지로 오늘은 주가가 오를 것이라고 기대합니다. 오로지 자신의 희망사항일 뿐인데 말이죠. 내가 산 종목에 대한 확신을 버리기 싫은 아집, 손실을 빨리 만회하고 싶은 조바심, 큰 이익에 대한 욕망이 합쳐져서 일어나는 행동입니다. 제가 그랬었습니다.

둘째, 잃을 수도 있겠지만, 설마 깡통이야 차겠냐는 식입니다.

카지노에서조차

"그래! 다 잃어봐야 30만 원인데 뭐!"

이러면서도 내일 쇼핑할 정도의 돈은 남겨둬야지 생각합니다. 하지만 결국에는 한 푼도 남지 않을 때까지 앉아 있게 됩니다. 그렇게 될 때까지 오랜 시간이 걸리지도 않습니다.

주식시장에서는 30만 원만이 아니라 1천만 원, 심지어 1억 원 넘게 잃어도 못 빠져나옵니다. 손절할 액수에 대한 가이드라인을 정한 후 다시 들어오면 되는데, 억울한 기분에 빠져있다 보면 나갔다가 들어올 생각을 못 하게 됩니다.

카지노의 경우는 내가 이번 판을 쉴라치면 꼭 큰 패가 뜰 것 같은 생각이 들어 그만두지 못하고, 주식시장도 오늘 상한가 갈 수도 있다라는 생각 때문에 빠져나오지 못하고 기다립니다. 내가 손을 놓고 있는 동안에 남들 돈 따는 것을 지켜볼 수가 없기 때문입니다. 오늘만 하고 끝나는 시장이 아닌데도 말이죠.

내일도 시장은 열립니다. 카지노나 주식시장이 망하지 않는다면 계속 열리게 되어 있습니다. 기회가 이번뿐만이 아닌데 못 기다립니다. 내가 기회라고 알고 있는 지금이 사실은 기회가 아닐지도 모르는데 말이죠.

카지노와 주식의 공통점에 대해 간략하게 봤습니다. 왜 게임에 참가하는지에 대한 목적과 얼마를 딸지, 어느 정도까지는 잃어도 감내할 수 있는지에 대한 목표 설정이 중요하겠습니다.

"무슨 목적으로 주식을 하려고 하는가?"

"가용할 재원은 얼마 정도인가?"

"언제까지 얼마의 이익을 내려 하는가?"

"만약 손실을 본다면 어느 정도 금액까지 감내할 수 있는가?"

저의 20년 전의 주식투자는 카지노와 닮은 꼴이었습니다. 어서 빨리 개장 시간이 되기를 기다렸고, 어김없이 돈을 다 잃었습니다. IMF 처방으로 은행의 1년짜리 예금 금리가 20% 넘게까지

치솟을 때 주식으로 10배는 벌 수 있다고들 했었습니다.

10배 번다며 불나방처럼 달려든 결과는 깡통계좌였습니다. 상한가 치거나 몇 번 올랐을 때 기분 좋게 쐈던 술값은 온전히 카드빚으로 남았을 뿐입니다.

이익 실현을 하지 못했으니 현금이 있을 수가 없죠. 돈은 가상의 숫자로만 벌었고 지출은 현금으로 나갔습니다. 상한가 한 번 갔는데 두 번인들 못 가겠느냐며 안 팔았고, 떨어지면 오를 줄 알고 더 샀습니다. 현금이 떨어지니 신용으로 샀다가 반대매매를 당해 헐값에 강제로 팔리게 되었습니다. 그 결과 깡통계좌가 되고 빚만 남게 된 것이죠.

생각해보니 닷컴만 버블이 있었던 것이 아니라 저 스스로에게도 버블이 있었던 것이었죠. 그것은 희망에 대한 거품이 아니라 두려움에 대한 거품이었나 봅니다. 상한가 행진도 언젠가는 멈추게 되고, 주식 열풍도 언젠가는 꺼질 것이므로 지금 아니면 돈 벌 기회가 없을 것이라는 조바심과 두려움이 저를 계속 거품 덩어리 속으로 몰아넣었던 것이었죠. 20년이 넘은 그때 정확히 2년 만에 1억 원의 빚을 남기고서야 주식을 접었습니다. 너무나 억울해서 더 하고 싶었지만, 저에게 대출해줄 곳은 사채시장뿐이었습니다. 차마 전단에 적힌 그곳으로는 전화하지 못했습니다. 그렇게 해서 강원도로 가게 된 것이었죠.

생각을 바꾸자

　돈을 천천히 벌고 싶은 사람은 세상 어디에도 없을 것입니다. 이왕이면 빨리 벌고 싶죠. 그래야 마음고생도 덜 할 것이고, 번 돈을 좋은 일에, 재미있는 곳에 빨리 쓸 수도 있으니까요. 그렇지만 세상일이 그렇게 호락호락하지만은 않습니다. 벌려고 뛰어들었는데 벌기는커녕 오히려 잃기도 합니다. 단기간에 회복하려다 보니 무리수를 두는 일도 반복됩니다.

　제가 20년이 넘은 시점에서 다시 주식투자를 해야겠다고 마음먹은 것은 당연히 돈을 벌기 위해서입니다. 하지만 돈 버는 투자 기법을 공부하고 실전에 당장 써먹을 것들을 찾아내기 이전에 마음부터 다스리기로 생각했습니다.

똑같은 실패를 되풀이하지 말아야겠다는 원론적인 반성과 다짐에서였습니다. 그뿐만 아니라 주식투자 역시 인생처럼 긴 호흡이 필요한 과정이기 때문이었습니다. 빨리 돈을 벌 수만 있다면 얼마나 좋겠습니까? 제가 그랬고, 제 막둥이도 그랬듯이 어른이 되고 싶다고 갑자기 열 살에서 스무 살로 뛸 수는 없는 노릇입니다. 시간이 필요하다는 사실을 인정해야 합니다. 실패의 시간이 있을 수 있겠지만 언젠가는 그 실패를 해결할 시간 역시 주어집니다.

우리에게는 마음이 있습니다. 주식을 들여다보는 것만큼 마음을 들여다보는 자세가 필요합니다. 자동차로 백 킬로미터 이상을 자신 있게 달릴 수 있는 것은 액셀이 있어서가 아닙니다. 잘 드는 브레이크가 있기 때문입니다. 폭풍 같은 수익률을 올리기 위해서라도 마음의 브레이크부터 먼저 점검해 보시면 어떨까요?

기회는 언젠가 온다

일반적인 경우라면 카지노에서 30만 원 잃었다고 그걸 복구하려고 다시 카지노에 가지는 않겠죠. 그러나 주식시장은 스마트폰만 있으면 언제 어디서나 빨간 날 빼고는 매일 참여할 수 있습니다. 정해진 테이블 머니(예수금)도 없고 출입 제한도 없습니다. 평일이면 매일 열리는 시장이기 때문에 기회는 반드시 옵니다. 그런 만큼 조급해하지 말고 길게 바라봐야 합니다. 대신 공부를 게을리하면 안 되겠죠.

어떻게 하면 조급하지 않을까요? 주식의 일반적인 흐름을 공부한 후 매수하려 하는 기업을 공부해야 합니다. 뒷장에서 어떻게 공부하는지를 언급하겠지만 내가 발품을 팔면서까지 충분하게 파악한 후에 선택한 종목이라면 조급할 이유가 없습니다. 매일 오르락내리락하는 주식의 등락 폭을 바라보는 시선이 달라질 수 있을 것입니다. 세계 경제가 망한다고 해도 시간이 지나면 또 회복하는 것이 자본주의 구조입니다. 2008년 금융위기 때도 그랬고, 코로나19 때도 그랬습니다. 그때 모든 사람들의 자산이 줄어들었을까요? 오히려 그러한 위기 때마다 자산이 급증하는 사람들이 있었습니다. 자본주의 경제 사이클Cycle을 이해하면 기다릴 수 있습니다.

수많은 나라가 흥망성쇠를 거치면서 지금의 국가 형태로 만들어졌듯이 자본주의 경제도 회복기 → 활황기 → 후퇴기 → 침체기가 반복되는 순환 과정을 거치면서 고도로 진화하며 발전하고 있습니다. 경제 순환 주기가 반복되는 이유 중 대표적인 것은 수요와 공급의 불균형 때문입니다. 자본주의 경제 특성상 수요와 공급이 고정될 수는 없는 노릇이죠. 경제 순환 주기가 반복될 수밖에 없는 이유입니다.

국가도 경제도 이런 사이클을 통해서 변화와 발전을 거듭하는데, 우리의 삶 역시 그렇지 않을까요? 수요와 공급의 불균형처럼 소득과 소비의 균형 역시 어려운 문제입니다. 잘될 때가 있으면 안 될 때도 있습니다. 돈이 들어올 때도 있고 빠져나갈 때도 있습니다. 돈이 들어올 때는 적지만, 빠져나갈 때는 몇 배 많기도 합니다. 그 반대 현상도 있겠지만 결국 이런 과정을 통해 성공했다고 자만하지 말고 실패했다고 좌절하지 말라는 교훈을 얻곤 합니다. 단 한 번의 성공과 실패로 인생이 그냥 끝나버리는 것이 아니듯 주식시장도 새롭게 계속 열립니다.

긴 호흡이 필요합니다. 길어진 인생만큼이나 기회는 언제든지 올 수 있습니다. 그러니 실패를 만회하려고 조급해지면 안 됩니다. 투자의 기법도 중요하지만, 그 이전에 마음가짐부터 새로워져야 하는 이유이기도 합니다.

시장(판)에서 나와서 잠깐 쉬기

경제 순환 사이클대로라면 주식시장에서도 동일한 순환 사이클이 존재할 것입니다. 활황기도, 침체기도 언젠가는 끝이 납니다. 이럴 때 어떤 포지션을 취하느냐가 중요하다는 얘기입니다.

제가 얘기하고 싶은 것은 끝이 언제인지가 아닙니다.

후퇴기~침체기 구간을 어떻게 버티느냐 얘기입니다. 이 시기에 살아남아야 후일을 도모할 수 있기 때문입니다. 힘이 든다고 방법이 없다고 포기한 채로 시장에서 아예 빠져나오라는 말이 아닙니다.

친구들끼리 짜장면 내기 고스톱을 칩니다. 꼴등이 다 내는 게임입니다. 짜장면 네 그릇 값이 얼마나 되겠습니까마는 죽기 살기로 칩니다. 몇 점 내기 게임이므로 점수 관리가 중요합니다. 그러다 보니 지고 있어도 중간에 나름대로 계산하게 됩니다. 일등이 목적이 아니라 꼴등만 안 하면 됩니다. 제가 광을 팔아야 하는 위치인데 중간에서 누가 먼저 죽어버리면 안 좋은 패로 칠 수밖에 없습니다. 꼭 그런 찜찜한 판에서는 피박이나 독박을 쓰게 되더군요. 그 한 게임으로 갑자기 꼴등이 되고 게임은 끝나버립니다. 짜장면값이 아까운 게 아니라 패자가 됐다는 것이 속상한 것이죠.

그다음부터는 그런 경험을 교훈 삼아 머리를 굴립니다. 앞 순위에 있는 친구가 패를 접으려는 신호가 감지될 때 "무無광 신청"이라고 외칩니다. 패를 접고 죽으려던 친구가 멈칫하면서 저를 바라봅니다. 이때 한 번 더 애원 조로 말합니다.

"진짜 광이 없다니까~"

봐달라는 뜻이죠. 심지어 광이 하나 있음에도 불구하고 말이죠. 친구가 씩 웃으면서 봐주면 다행이지만 그렇지 않더라도 할 수 있는 건 다 한 셈입니다.

장난으로 치는 고스톱에서도 이런 읍소 전략이라는 방법까지 쓰는데 수많은 돈이 걸려 있는 게임에서 그냥 넋 놓고 처분만 기다릴 수는 없습니다.

매일 주식시세 창만 들여다본다고 답이 나오나요? 매매 유혹만 커질 뿐입니다. 이럴 때 잠깐 며칠이라도 주식 시세 창을 보지 말고 멀리해보세요. 이것은 우리 같은 월급쟁이 개미들에게 꽤 괜찮은 처세술인 것 같습니다. 주식시장이 열리는 시간이 우리 근무 시간과 겹치잖아요? 회사 업무에 집중하다 보면 자연스럽게 주식 시세 보고 싶은 충동도 없어질 것입니다. 실제로 매일 사고팔지도 않잖아요? 매일 주식 시세 창 본다고 달라지는 것도 없는데 괜히 초조함만 더 늘어날 수 있습니다. 상대적으로 마음고생도 심할 테니 잠시 시장에서 떨어져서 관망할 필요가 있습니다. 현금 비중을 높이면서 말이죠.

붓다의 말씀에 괴로움은 집착에서 비롯된다고 하잖아요? 그때 샀어야 했는데, 그때 팔았어야 했는데, 이런 후회가 집착이 되어 우리를 힘들게 합니다. 조금이라도 집착을 덜어낼 수 있는 방법이 바로 시장에서 잠시 멀어져 있으면서 객관적으로 보는 것입니다. 물론 어렵죠. 내가 얼마나 물려 있는데, 이때가 기회인데, 이런 생각이 드는 것을 떨쳐버리기가 쉽지 않습니다.

바둑을 둘 때는 안 보였던 수가 훈수 둘 때는 기막히게 보이는 경우를 떠올려 보세요.

프로야구를 볼까요? 감독할 때는 보이지 않던 선수가 해설하다 보니 제대로 보이더라는 것입니다. 대부분 팀이 선발투수를 5명으로 운영합니다. 그 선발투수가 패넌트 레이스까지 잘 던져준다면 문제가 없겠지요. 하지만 누군가가 부상 입어 임시로 선발을 올려야 되는 경우가 생기는데, 이 경우 감독은 초반 3회 정도만 잘 버텨주기를 바랍니다. 설사 그 경기에 패했어도 감수할 요량인 것입니다. 그러다가 의외로 승리하는 경우도 있습니다. 역으로 우리 팀 에이스가 상대 팀 대체선발에게 패하는 경우도 있습니다. 피해가 크죠. 그런 경기에 패하면 잔상이 오래 남습니다. 그때 대타를 썼어야 했는데, 투수 교체를 빨리했어야 했는데 너무 믿었다는 등 후회가 남습니다.

그러나 프로야구는 오늘 게임으로 끝나지 않습니다. 내일도 게임을 해야 하고, 총 144게임을 해야 합니다. 의도적이지는 않지만 때로는 질 경우의 수까지 고려해서 운영하기도 합니다. 어제 게임에서 졌다고 그 여파가 남은 경기 내내 이어지면 안 되므로 나쁜 기억은 빨리 잊고 새롭게 준비해야 하는 것입니다.

올해 성적이 안 좋으면 내년에 잘하면 됩니다. 그러나 감독 입장에서는 언제 잘릴지 모르니 조바심이 생길 수 있죠.

꼴찌라도 하면 환호가 비난으로 바뀌고 단장은 이 목소리를 거스를 수 없죠. 민심이 요동치면 단장도 감독도 판단이 흐려질 수 있습니다. 그러니 주식시장에서 우리는 구단주 입장에서 생각해야지 단장과 감독의 입장에서 바라보면 안 될 것 같아요. 훌륭한 감독과 선수가 있다면 구단주는 믿고 기다려야죠.

단장에게도 너무 단기간의 성적에 연연해하지 말라고 토닥여주고 말이죠.

내가 열심히 공부해서 신중하게 판단한 후에 선택한 종목이라면 믿고 기다릴 줄 알아야 합니다. 언젠가 기회는 온다는 생각으로 현금 비중을 높이면서 기다릴 필요가 있습니다.

현금 보유

20년이 지나서야 하게 된 주식투자는 카지노와 다르다고 생각하면서 출발했습니다.

이제 저는 주식시장이 개장할 때까지 조바심을 내서 기다리지도 않을뿐더러, 돈은 잃지도 않고 따고 있습니다.

20년 전의 교훈으로 주식은 전자오락과 같다는 결론을 얻었습니다. 전자오락의 점수는 단순한 숫자일 뿐 돈이 아니죠. 물론 게임을 잘해서 내 등급이 올라가면 그게 돈이 되기도 하는 시대입니다만, 그냥 숫자일 뿐이라는 것을 알아야 합니다.

주식 계좌의 잔고나 은행 통장의 잔고나 다 저의 현금입니다. 그런데 저는 은행 통장의 잔고와 주식 계좌의 잔고를 전혀 다르게 인식했었던 거죠. 주식 계좌에 몇 초마다 피 같은 돈이 오가면서 잔고가 늘어나고 줄어드는 데도 피부에 와닿지 않는 반면 스마트폰 알림 메시지와 함께 빠져나가는 통신 요금, 카드 요금에는 민감합니다.

'좀 싼 요금제로 바꿀까?'

'다음 달에는 카드를 줄여야지….'

비용을 줄일 궁리도 하고 절약도 생각합니다. 빠져나간 금액은 절대 다시 입금되지 않는다는 것을 알기 때문이죠.

그런데 통신 요금과 카드 결제금액의 몇십 배, 혹은 몇백 배가 되는 주식 계좌의 돈은 줄어들어도 크게 낙담하지 않게 되더군요. 내일이면 오늘 빠진 것 이상으로 오를 것이라는 허황되기까지 한 믿음 때문이죠. 그러한 믿음은 어떻게 생겼을까요?

답은 간단했습니다. 할 수 있는 방법이 없으므로 그렇게 믿고 싶었을 뿐 다른 것은 없었습니다.

저 같은 개인투자자는 외국인이나 기관처럼 거의 무한대의 돈이 없습니다. 그러기에 조금 오르면 내일 떨어질까 봐 조급하게 팔거나, 많이 떨어지면 공포감에 짓눌려 더 떨어질세라 다 팔고 나와서 다른 종목을 삽니다. 그리고 오를 때까지 기다리죠. 기대만큼 안 오르면 또 팔고 다른 걸 삽니다. 그사이 새롭게 투입되는 제 돈은 없습니다. 그냥 잔고가 계속 줄어들고 그 줄어든 잔고만큼 삽니다. 오른다고 해도 큰돈이 안 되니 재미없다고 신용융자거래를 합니다. 다 말아먹고 나서야 주식시장에서 빠져나올 수 있습니다. 계좌가 깡통이 되어 더는 거래를 할 수 없으니까요. 20년 전 제가 말아먹었던 주식 놀음의 전말입니다. 그런데, 20년 전에 했던 제 놀음을 여전히 저의 또 다른 개미들이 하고 있네요.

제가 이 책을 쓰게 된 이유 중의 하나입니다.

20년 만에 다시 주식투자를 시작하기로 결정했을 때는 예전처럼 하지 않겠노라고 정신 무장을 단단히 한 후 실행할 원칙도 세웠습니다.

"현금이 있어야 한다. 주식 계좌에 있는 숫자 말고도 현금이 있어야 한다. 빚을 내서는 하지 말자. 어느 정도 오르고 내리면 팔 것인지에 대한 확실한 목표 설정을 우선으로 한다. 목표한 이익에 도달하면 뒤도 돌아보지 말고 팔아서 현금화한다. 목표한 손실에 도달하면 미련 없이 던진다. 그리고 나서는 쉰다. 아주 편안하게 쉰다. 충분히 쉬었다는 시그널이 오면 그때 시황을 보고 들어갈지를 판단하면 된다."

먼저 현금 흐름부터 확인했습니다. 여러 차례 보험 해지하고 갈아타면서 생긴 해지금을 합하니 1천여만 원이 남아있더군요. 해지했으므로 나가지 않을 보험료 30만 원에 아내가 주는 용돈 30만 원까지 매달 60만 원의 현금이 확보되었습니다. 종잣돈 1천만 원과 월 60만 원의 현금 흐름이 마련되었습니다.

가끔 술자리에서 종잣돈 천만 원으로 투자한다고 말하면 "에게, 그걸로?"라며 애쓴다는 듯한 표정들이 대부분의 반응이더군요. 주식을 하는 데 꼭 큰돈이 필요할까요? 종잣돈의 개념은 말 그대로 열매를 맺기 위해 씨를 뿌릴 수 있는 금액이면 됩니다. 처음부터 커다란 열매를 맺으려고 하다 보면 자연스레 욕심도 커질 것이니 그 대가 또한 만만치 않을 것입니다.

제가 생각하는 종잣돈은 금액의 크고 작음이 아니라 용도가 아닌가 싶습니다. 당장에 쓸 돈이 아니어야 하고, 손실이 나도 당장에 타격을 입지 않을 수 있는 금액이어야 한다는 것이죠. 그래야 편안한 마음을 유지하며 투자를 오래 할 수 있습니다.

3년에 걸친 실전 연습 덕분에 종목 선택의 집중력이 높아졌습니다. 그 기간에 코로나19로 인한 폭락 장세와 회복 장세가 같이 있어서 연습하는 데에 도움을 많이 받았습니다. 제가 선택한 종목은 3년 동안 영업이익이 계속해 발생한 기업이었는데, 공통으로 상한가나 하한가를 맞은 적이 단 한 번도 없었으며, 상승과 하락의 변동 폭이 5%를 넘긴 적이 손꼽을 정도였다는 특징이 있었습니다.

이런 종목의 경우 단시간에 뭔가 승부를 보고 싶어 하는 타입이라면 적합하지 않습니다. 어느 정도 인내심을 가진 타입의 경우에도 마음고생이 많을 수 있습니다.

"내가 찾던 게 바로 이거야!"라고 유레카를 외칠 정도의 종목을 발굴했다고 모든 것이 순조롭게 흘러가지는 않으니만큼 제가 어떤 과정을 거쳤는지 복기해보겠습니다.

실패를 통해 터득한 투자기법

그렇게 준비를 철저하게 한 후 시작한 실전 투자였지만 단기간에 뚜렷한 주가 상승이 일어나지 않으니 조급해지더군요. 그러다가 우연히 선배 한 분과 점심을 먹게 되었습니다.

"고 프로! 내가 작년에 계약직으로 전환했잖아. 근데 와이프는 아직 모르거든."

"아니, 그러면 그전에 비해서 차이 나는 월급은 어떻게 하시는데요?"

계약직으로 전환하면서 받은 명퇴금을 IRP에 넣지 않고 현금 계좌로 받아서 주식에 투자하고 있다는 것입니다.

매월 깎인 월급만큼을 주식투자로 벌어 그 돈을 형수님께 준다고 하는데, 단순히 부족한 월급 메우는 정도를 넘어 막걸리값도 쏠쏠하게 나온다는 겁니다. 무지 공부를 많이 하셨더군요. 일단 믿음이 가다 보니 또 예전 버릇이 나왔습니다. 연습 삼아 적은 금액으로 선배가 갖고 있는 종목 중에서 하나를 샀습니다. 그런데 한 달 만에 마이너스 25%로 급락했습니다. 선배는 일주일 전에 팔고 나왔더라고요. 다시 교훈을 얻었습니다.

'이렇게 남 따라서 주식에 투자하면 안 되겠다. 20년 전에도 그랬는데 이제 와서도 그러면 안 되지.'

남 따라서 매수한 종목은 거의 매일 주식 창을 들여다보게 되어 있습니다. 확신이 없으니까 불안해서라도 보게 되더군요. 아침에 올랐다가(내렸다가) 오후에 내리는(오르는) 등 등락 폭이 큰 종목은 내가 종목 선택을 잘한 것이 맞나 의구심 때문에라도 확인하게 되고, 지속적으로 오르거나 혹은 떨어지는 주식은 겁이 나서라도 계속 볼 수밖에 없는 것이죠.

주식 창을 수시로 들여다보면 사람이 피폐해진다는 것을 느꼈습니다. 스트레스도 심해지고요. 그래서 패턴을 달리 해봤습니다. 아예 안 볼 수는 없으니 개장할 때 살짝, 점심시간에 식당에서 주문한 음식이 나올 때까지 잠깐 보고, 장 마감 후와 퇴근 후에 보는 정도로 바꿨더니 마음의 여유가 조금씩 생기더군요.

데이 트레이더Day trader도 아닌데, 왜 그랬을까?

100만 원이든 1,000만 원이든 내 돈의 가치가 실시간으로 변하는데 얼마나 심장이 쫄깃쫄깃하겠습니까?

안 보고 견딜 수 없었겠지요. 어찌 보면 지극히 자연스러운 행동이었을 것입니다. 그런데, 이런 형태는 몸 건강, 마음 건강에 좋지 않더군요. 돈 좀 벌자고 애쓰다가 정작 돈 쓸 나이에 아프면 안 되겠다는 생각에 미치자 일단 주식 들여다보는 습관부터 바꾸기로 한 것이고, 그렇게 조금씩 바꾸다 보니까 시장을 바라보는 눈도 넓어지더군요.

선배가 추천한 종목에서 실패를 겪은 것이 오히려 제대로 주식투자를 할 수 있는 내공이 생긴 것 같아 그리 억울하지만은 않았습니다. 다시 공부하기 시작했습니다.

허 부장한테서 들은 원칙을 곱씹어 보고 책에서 얻는 정보를 토대로 3년 동안 연습했더니 전에 없던 확신이 생겼습니다.

"이제부터는 제대로 한번 해보자!"

다시 공부합시다

학교 다닐 때 공부처럼 재미없는 것은 없죠.

대학만 가면 모든 게 해결된다, 다 할 수 있다고 하는 선생님 말씀을 믿고 대학이란 곳을 갔습니다. 서울에 가면 그렇게 많다던 예쁜 여학생도 저에게는 보이지 않았고, 눈치 안 보고도 마음껏 먹을 수 있었던 그놈의 술은 먹어서 없애려고 했지만 결국 없애지를 못했습니다. 대학만 가면 모든 게 해결된다던 선생님 말씀은 거짓이었을까요?

공부는 대학 들어갈 때만 하는 것이 아니더군요. 회사에 다니면서도 여러 자격시험을 통과해야 한다면서 공부하게 만듭니다. 회사에서 보는 시험은 학력고사와는 또 다르더군요.

공부 방식도 차이가 납니다. 일단 어르고 달래는 선생님이 아무도 없습니다. 자격시험을 못 봐서 진급이 늦어지거나 보직의 한계 때문에 다소 고달프기는 하지만 그렇다고 회사에서 그만두라고 하지는 않습니다.

하지만 돈과 관련된 공부를 제대로 하지 않은 상태에서 투자하면 인생 자체가 꼬일 수 있습니다.

문제는 대부분의 투자자들이 그 꼬인 출발점을 공부하지 못한 데서 찾지 않는다는 것입니다.

"금융위기가 올 줄 누가 알았겠냐."

"하필 코로나가 터져서 주가가 뚝 떨어져 버렸지 뭐야."

흔히들 경제 환경이라는 미명 아래 손실의 원인을 외부 탓으로 돌리곤 합니다. 그런가 하면 잘못된 결과의 원인을 선택의 문제로만 돌리기도 합니다.

"그때 저걸 샀어야 했는데 괜히 이걸 사서 말이지."

"괜히 팔아서 말이야."

주식 투자자라면 모름지기 내가 보유한 주식을 발행한 기업을 파악하고 있어야 합니다. 그런데도 펀더멘탈이 얼마나 튼튼한지, 회복 탄력성이 큰 기업인지 따지는 것은 뒷전입니다. 펀더멘탈은 기업의 매출, 영업이익, 재무 상태, 수익성, 성장성 등을 종합적으로 말하는 것으로, 운동선수로 치면 기초체력이라 할 수 있겠습니다.

거시경제에 대한 식견이 부족했다고 문제 제기하는 것도 아니고 선택의 갈림길에서 방향을 잘못 잡았다고 탓하는 것도 아닙니다. 어떠한 판단기준으로 해당 종목을 선택했는지, 해당 종목을 선택하기 위해 얼마나 손품 발품을 팔았는지 이참에 스스로 되돌아보라고 말씀드리는 것입니다.

거시경제에 대한 탁월한 식견이 있다면 더할 나위 없이 좋겠지만 현실에서는 그런 식견만으로 수익이 결정되지 않습니다. 수많은 난다 긴다 하는 경제학자들이 떼돈을 벌어야 하는데 그렇지도 않은 걸 보면 말이죠.

다시 고등학교 때 했던 공부로 되돌아가 보겠습니다. 아무리 풀어도 답이 안 나오는 수학 문제가 있습니다. 밤새 그 한 문제 때문에 낑낑댑니다. 그냥 포기할까 하다가도 들인 시간이 아까워서 집중에 집중을 하다가 기어코 문제를 풀었을 때의 그 기분을, "유레카"라고 외쳤던 그때의 쾌감이 느껴지나요?

돈 나오는 것도 아니었는데 자존심 때문이라도 반드시 풀고 싶었을 것입니다.

하물며 돈이 오고 가는, 어쩌면 인생이 바뀔 수도 있는 문제를 푸는데 한 번쯤은 그런 노력을 당연히 해야 하지 않을까 싶습니다. 대신 어르고 달래는 선생님은 거울에 비친 자신입니다.

거울 속 자신에게 스스로 물어서 찾아보셔야 합니다. 질문하는 학생도 나 자신이고 답하는 선생님도 나 자신입니다. 이제는 어른이니까요.

신중한 종목 선택

남들이 어떤 종목으로 돈 좀 벌었다고 해서 무조건 따라 해서는 안 됩니다. 특히, 추천 종목이라고 얘기해주는 정보를 신뢰하는 순간 나만의 투자 기법을 만들 수가 없고 그저 끌려다니게 되어 있습니다.

공부해야 합니다. 그래야 종목을 잘 선택할 수 있습니다.

저는 종목을 선택할 때 순이익이 매년 발생하는 기업인지 아닌지를 제일 먼저 확인합니다. 물건이 팔려 매출이 있어야 기업의 존재 이유가 있습니다. 현재도 이익이 발생하지 않는 기업이 미래에 대박 날 것이라는 희망을 품지 않습니다. 돈은 절대 거저 들어오지 않으니까요.

단순히 영업이익으로만 판단하는 것도 한계가 있어 보입니다. 영업이익도 중요하지만, 높은 영업이익률이 뒤따라야 안정적으로 투자할 수 있는 기업이라고 판단할 수 있으니까요. 전년 동기 혹은 직전 분기와 비교했을 때 매출과 이익이 줄어들 수 있습니다. 아무리 훌륭한 기업이라도 이익의 증감은 언제나 생길 수 있으니까요. 이때 영업이익률이 어떻게 변화했는지를 확인하는 것이 실체를 파악하는 데 도움이 됩니다.

기업에 대한 세부 지표 검토가 끝났으면 본사와 공장을 직접 찾아가 보십시오. 어느 지역에 있는지, 내부 분위기는 어떤지, 공장은 잘 돌아가는지를 눈으로 직접 확인해야 합니다. 연차휴가를 내서라도 방문해 볼 필요가 있습니다.

전셋집 구할 때나 아파트 살 때 어떻게 하시나요? 소문이나 공인중개사 말만 듣지는 않을 것입니다. 전철역은 얼마나 가까운지, 주변 편의시설은 잘 갖춰져 있는지, 그리고 청소년 자녀들이 있으면 학군이 어떤지를 알아보기 위해 직접 찾아가 눈으로 보고 살 집을 결정하실 것입니다. 이처럼 피 같은 내 돈을 굴려줄 곳을 찾아보는 데도 그만한 발품은 팔아야 하는 것입니다.

제 지인 중에는 주말이면 땅 보러 집 보러 수도권·지방을 불문하고 여기저기로 돌아다니는 것이 취미인 친구가 있었습니다. 그렇게 다닌 지가 수십 년도 넘었다고 합니다. 아파트를 여러 차례 매매하는 과정을 통해 제법 큰돈을 만지게 되었답니다. 현재는 지방에 땅도 가지고 있는 알부자입니다.

처음에는 원래 돈이 있어서 그렇게 다니는 줄 알았습니다. 알고 봤더니 처음부터 돈이 있었던 것은 아니었습니다.

주말마다 배우자랑 산책 겸 여행 겸 그렇게 다니다 보니 돈 되는 곳이 보였다는 것입니다. 자기가 한 일은 돈 되는 곳이 보여서 대출을 실행에 옮긴 것뿐이랍니다. 한두 번 성공 경험이 생기다 보니까 취미로 하던 것이 일이 되었다고 하네요. 취미로 여겼던 때의 시야와 많이 달라졌다는 뜻입니다.

이렇듯 나의 자금이 얼마 있는지와 무관하게 관심과 흥미가 있다면 먼저 움직이는 것이 중요한 것입니다. 이왕 어떤 회사의 주식을 살지 결정해 볼 요량이라면 연차휴가를 이용해 평일 아침 일찍부터 해당 기업에서 대기할 필요가 있습니다. 지방 소재 기업이라면 여행 간다는 생각으로 전날 저녁에 출발하시는 것도 좋습니다.

건물 규모, 주차장 면적, 외부고객 접견 장소는 물론이고 출근 시간대와 퇴근 시간대까지 직원들의 모습을 지켜보는 것도 훌륭한 방법입니다.

기업에는 IR 담당자가 있고, 그분들은 주주라고 하면 의외로 자세하게 설명해줍니다. 듣도 보도 못한 기업에 투자한 친구들에게 그 회사 가봤냐고 물어보면 가봤다는 친구 못 봤습니다. 자기만 아는 정보가 있어서 샀다고 합니다. 그 친구만 아는 정보라면 세상에 돈 못 벌 사람은 없을 것입니다. 그러면서 몇백만 원에서 몇천만 원까지도 주식을 삽니다.

그런 친구들에게 다시 물어봅니다.

"너 스마트폰은 어떻게 샀니?"

제 경우도 주말에 아내랑 동네에 있는 대리점 죄다 발품 팔아서 조금이라도 싸게 해준다는 데서 구입했습니다. 액세서리 하나 공짜로 받아서 좋아했던 기억도 나네요.

주식 투자금은 사람마다 다르겠지만 대부분이 스마트폰 기기나 액세서리에 비교가 안 될 만큼 큰돈입니다. 어쩌면 인생을 좌지우지하는 거금이기도 합니다. 하물며 스마트폰이나 액세서리 살 때도 그럴진대, 수십만 원에서 수억 원까지 들어가는 주식투자는 말할 나위도 없겠지요.

그렇게 보면 투자할 기업을 찾아다니면서 정보를 얻고, 눈으로 직접 확인한 후에 투자 여부를 결정하는 것은 당연한 일이 아닐까요? 다른 사람의 정보도 중요하겠지만 내가 직접 보고 결정해야 합니다.

오늘 사야만 하고, 이번 달 아니면 못 사는 주식은 이미 살 수 없는 주식이고 사서도 안 됩니다. 단 한 개의 종목만 선택한다면 리스크가 클 수 있으므로 업종별 대표선수 위주로 10개 정도의 기업을 선정합니다.

그런 뒤에 5개 정도의 기업으로 압축하는 방법으로 종목을 추려 보시기 바랍니다. 그렇게 압축한 기업들을 탐방한 후 최종

1~2개 기업을 확정 짓습니다. 종목을 확정 지었으면 다른 기업에 눈 돌리지 말고 오로지 해당 기업만으로 사고팝니다. 이 원칙을 최소 2년간은 지킵니다.

기술적 분석까지 할 수 있으면 좋겠습니다만, 실전에서는 잘 안 통하더라고요. 주봉, 월봉 그래프가 후행 지표라고 하는 것은 "주가가 올라간 기업을 봤더니 그래프가 우상향이었다"라고 하는 결과론적 분석이기 때문입니다.

그래프만 보고 해당 주식이 올라갈 것이다, 내려갈 것이다라고 판단해 사자, 팔자를 결정하고, 그 결과 역시도 그래프대로만 나온다면 돈을 못 벌 사람이 어디 있겠습니까? 어느 누가 돈을 잃겠습니까? 하나의 판단 잣대만이 존재하는 시장이 아닙니다. 내가 눈으로 확인하고 지속해 피드백하고 있어도 잃을 수 있는 시장이 바로 주식시장입니다.

종목 선택 시 꾸준하게 영업이익도 발생하고, 영업이익률도 좋은 회사라면 배당을 얼마나 주는지에 대해서도 고려해야 합니다. 영업이익이 많이 나는데도 배당에 인색하다면 주주에 대한 배려가 없는 기업이니 재고할 필요가 있겠죠. 물론 배당만을 보고 단기 매매하실 분이라면 얘기는 좀 달라지겠지만, 적어도 3~5년 기간의 배당 추이와 배당락 후 주가 추이를 보시면 이해가 쉬울 것입니다.

이왕 공부하자고 했으니, 기업이 어떤 히스토리를 가지고 있는지 공시를 통해서 알아보도록 하겠습니다.

공시정보

내가 관심을 갖고 있거나 투자하는 종목에 대한 공시와 뉴스는 거래하는 증권사의 트레이딩 시스템이나 포털사이트를 통해서 쉽게 접하기 때문에 굳이 다른 사이트site가 필요할지 모르겠으나, 정보라고 하는 것은 많으면 많을수록 좋겠지요. 제가 추천하고 싶은 사이트는 금융감독원에서 운영하는 기업 정보 관련 전자공시시스템DART입니다. 사실 증권사나 포털사이트에서 제공하는 공시자료와 뉴스는 대부분 이 금융감독원 전자공시시스템에서 가져온다고 보면 되겠습니다. 그러니까 정보 창고인 셈이죠. 그 정보의 창고가 누구에게는 물건만 쌓아놓는 곳일 수도 있으나 다른 누구에게는 보물 창고가 될 수 있으니만큼 어떤 생각으로 창고 문을 여는지가 중요하겠습니다.

혹시나 해서 제 딸에게 다트DART가 뭔지 아느냐고 물어봤습니다.

"던지는 거?"

웃음이 터져 나오려고 하던 참이었습니다.

딸애가 눈이 동그래지며 빠르게 답을 수정합니다.

"아~ 면접 정보 얻는 데…"

전자공시시스템이 주식투자 정보를 얻는 곳으로만 알고 있었는데 딸이 얘기하길 취준생에게는 면접 보기 전에 해당 기업의 정보를 얻기 위해 반드시 들어가 봐야 하는 사이트라고 하네요. 생사가 걸려 있는 중요한 사이트란 얘기입니다.

청년들이 취업 문을 뚫으려고 들어가는 곳이라면 돈 버는 문을 뚫으려는 우리도 당연히 들어가서 봐야겠지요. 회사정보, 재무 정보는 물론 지배구조까지 알 수 있습니다.

우리가 통상 접하는 뉴스의 토대가 이곳이라고 확인되었다면 관심 사항별로 들어가서 좀 더 세부적인 사항까지 확인할 수도 있습니다.

위에서 언급했지만 일단 저는 배당에 관심이 많았습니다. 그러다 보니 여러 가지 정보를 통해 어느 기업이 배당을 많이 주는지를 확인해봤습니다. 단순히 배당률만 따지는 것이 아니라 매년 영업이익이 꾸준히 발생하는지를 포함해서 해당 기업의 히스토리를 확인해 볼 필요가 생겼습니다.

그렇게 검색하다 보니 눈에 띄는 기업이 있더군요. 동아타이어가 그중 하나였습니다. 2024년의 시가배당률은 무려 8%입니다.

'가만있어 보자, 내 차 타이어가 뭐더라?'

확인해 보니 동아타이어는 아니었습니다. 게다가 아파트에 주차한 차량들의 바퀴를 들여다 봐도 동아타이어 마크를 단 차를 보기 힘들었습니다. 아직도 동아타이어라는 회사가 있는지가 궁금했는데 금융감독원 전자공시시스템에서 히스토리를 확인할 수 있었습니다. 일단 제 관심사에 맞춰 배당금을 언제, 얼마나 주는지를 먼저 살펴봤습니다. <표 6>처럼 현금·현물 배당결정 공시가 보입니다. 자세히 들여다 보면 현금·현물 배당결정일이 2024년 2월 14일로 나와 있는 것을 알 수 있습니다. 1주당 배당금이 1,000원이네요. 주가에 비해 배당을 왜 이렇게 많이 주는지 궁금해졌습니다. 하여간 배당기준일은 2024년 2월 29일입니다.

동시에 공시가 하나 더 떠 있었는데, 주주명부폐쇄(기준일) 결정 공시입니다. 2024년 2월 29일에 주주명부를 폐쇄한다는 얘기로 2월 27일까지 주식을 보유하고 있으면 배당을 받을 수 있다는 말입니다. (<표 7> 참조)

덧붙여 설명하자면 2월 28일은 배당락일입니다. 즉 배당을 받을 권리가 없어진 날이라는 뜻입니다. 배당을 받으려면 해당 주식을 주주명부 폐쇄하기 2일 전까지 가지고 있어야 합니다. 계약 체결일로부터 3일이 지나야 한국 거래소에서 결제가 이루어지기 때문이죠. 배당 결정 공시와 더불어 주주명부폐쇄(기준일)

결정 공시도 뒤따르게 되어 있어 연이어 공시를 보게 되는 것 같습니다. 배당기준일이 주주명부폐쇄일과 같은 의미라는 것을 알 수 있습니다. 배당 기준일이 언제인지도 한 번 더 공시해줍니다. 그런데, 예전과 비교해 뭔가 다르다는 생각이 안 드시는지요?

<표 6> 현금·현물 배당 결정 공시

현금·현물배당 결정

1. 배당구분		결산배당
2. 배당종류		현금배당
- 현물자산의 상세내역		-
3. 1주당 배당금(원)	보통주식	1,000
	종류주식	-
- 차등배당 여부		미해당
4. 시가배당율(%)	보통주식	8.0
	종류주식	-
5. 배당금총액(원)		13,731,417,000
6. 배당기준일		2024-02-29
7. 배당금지급 예정일자		-
8. 주주총회 개최여부		개최
9. 주주총회 예정일자		-
10. 이사회결의일(결정일)		2024-02-14
- 사외이사 참석여부	참석(명)	1
	불참(명)	-
- 감사(사외이사가 아닌 감사위원) 참석여부		참석
11. 기타 투자판단과 관련한 중요사항		

- 상기 내용은 주주총회 승인 과정에서 변경될 수 있습니다.
- 상기 '4. 시가배당율' 산정 시 시가는 배당결정일인 이사회 결의일(2024년 2월 14일) 직전매매거래일부터 과거 1주일간의 유가증권시장에서 형성된 종가의 산술평균가격을 사용했습니다.
- 상기 '7. 배당금지급 예정일자'는 상법 제464조 2의 규정에 의거, 주주총회일로부터 1개월 이내에 지급 예정입니다.
- 상기 '9. 주주총회 예정일자'는 미정입니다.

관련공시	-

<표 7> 현금·현물배당을 위한 주주명부폐쇄(기준일) 결정 공시

현금·현물배당을 위한 주주명부폐쇄(기준일) 결정

1. 배당구분		결산
2. 주주명부폐쇄(기준일)	시작일	-
	종료일	-
	기준일	2024-02-29
3. 주주명부폐쇄(기준일) 목적		권리주주 확정
4. 이사회결의일(결정일)		2024-02-14
- 사외이사 참석여부	참석(명)	1
	불참(명)	-
- 감사(사외이사가 아닌 감사위원) 참석여부		참석

5. 기타 투자판단과 관련한 중요사항	- 당사 정관 제45조(이익배당)에 의거한 배당기준일 확정을 위한 건입니다. - 주주명부폐쇄 없이 기준일만으로 권리주주를 확정합니다.
	관련공시 -

　<표 6>과 <표 7>에서 보면 배당 결정 공시일이 주주명부 폐쇄(배당기준일) 결정 공시보다 빠르네요. 얼마 전까지만 해도 주 주명부 폐쇄 결정 공시를 연말에 먼저 한 후 다음 해에 현금·현 물 배당 결정 공시를 했었는데 말이죠.

　이는 2023년 1월 말 발표한 금융위원회의 배당절차 개선안에 따른 것입니다. 2024년부터는 배당 결정 공시를 하면서 배당기 준일을 알려주는 것으로 바뀌었습니다. 즉 배당결정일(이사회결의 일)이 주주명부폐쇄일보다 앞서도록 설정한 것입니다.

　왜 이렇게 바뀌었을까요?

　얼마 전까지만 해도 대한민국의 배당 지급 프로세스는 "배당 을 언제, 얼마만큼을 줄지 확정은 안 되었지만, 연말까지 주식을 갖고 있으면 내년 초에 배당금액을 알려드리겠으니 투자하시는 분들은 일단 연말 기준일까지 보유할지 말지부터 결정하라"는 식이었습니다. 그래서 연말이면 전년도 배당에 근거해 배당률이 좋을 것 같은 종목들을 추천하는 방송프로그램에 귀 기울이며 나름대로 작년·재작년의 배당률, 배당금, 예상 매출 및 영업이익 등을 토대로 올해의 배당금을 추정해 주식을 갖고 있다가 배당받을 것인지 아니면 매도할 것인지를 판단했었죠. 상당히 비과학적이고 감感으로 결정할 수 있는 구조였습니다. 언제 배당을 받을 수 있는지, 배당금은 얼마가 될지 알 수 없어 '깜깜이 투자', '깜깜이 배당'이라고도 했지요.

이런 문제를 해결하기 위해 미국 등 선진국에서 공시하는 것처럼 배당금이 얼마인지, 언제까지 주식을 보유하면 배당금을 받을 수 있는지를 알려주는 방식으로 변경했습니다.

"작년 매출 및 이익 수준이 이 정도입니다. 그래서 올해 이만큼 배당을 드리려고 합니다. 언제까지 보유하면 얼마만큼의 배당을 받을 수 있습니다."

우리나라 상장회사의 절반 이상이 2024년부터 이렇게 바뀐 공시를 하고 있습니다.

이렇게 바뀌니 저 역시 명확한 수치를 토대로 배당금 수령 여부를 판단하기 수월해졌습니다.

"동아타이어가 주당 1,000원을 준다는군. 주주명부폐쇄 기준일까지는 보름 정도 남았으니까 그사이 주가 흐름을 보면서 주식을 보유하고 있다가 배당락 전날에 팔 것인지, 배당을 받고 나서 팔 것인지, 그리고 배당을 받은 뒤에도 계속 보유할 것인지를 판단하면 되겠구먼."

이렇게 생각할 수 있게 된 것입니다.

너무나도 합리적인 배당 기준 아닙니까?

연말 주식 보유 기준으로 다음 해 배당금액을 결정하고 있는 나머지 상장회사들도 모두 이렇게 변경했으면 좋겠습니다.

배당금 수령 여부를 위한 판단기준 순서가 자연스럽게 바뀌자 마음의 결정도 쉬워졌습니다. 전년과 비교해서 매출과 영업이익이 늘어서 올해만 배당금을 많이 주는 것인지, 아니면 늘 배당금을 많이 주어왔는지를 살펴봤습니다. 그리고 분기 실적은 분기 마지막 달을 기준으로 익익월(다다음 달) 15일까지는 공시하게 되어 있어서 4분기 실적은 적어도 다음 해 2월 15일 이후에는 알 수 있게 되므로 배당공시일과도 시차가 맞아떨어졌습니다.

동아타이어의 작년 4분기 매출과 영업이익이 전년 동기보다 하락했다는 기사가 떴습니다. 순간 악재라는 생각이 들었습니다. 그래서 전자공시시스템에 들어가 봤습니다.

<표 8>에서 보듯이 4분기 현황이 아니라 연간 현황이 공시되었습니다. 연간 기준 매출액, 영업이익, 당기순이익이 직전 사

업연도에 비해 모두 하락했습니다.

2023년도 공시가 보고 싶어졌습니다. 2021년에 비해 2022년도의 연간 실적이 좋았네요. 그런데 2023년은 2021년과 비교해서도 매출액, 영업이익, 당기순이익 모두 줄었습니다. 2023년 장사가 예년 같지 않았나 봅니다.

그런데, 제가 주목한 것은 부채비율이었습니다. 공시자료만 가지고 단순 계산을 해봐도 2022년 20%에서 2023년 15%로 줄었다는 사실을 알 수 있었습니다. 또한 2023년 공시자료를 토대로 계산해본 결과 2021년에는 무려 12% 수준이었습니다. 부채비율은 그러다가 2022년에 다소 올라갔지만 여느 기업에 비해 상당히 낮아 놀라울 정도였습니다.

게다가 영업이익이 직전 연도에 비해 많이 줄어들지 않아 꾸준히 안정적인 이익을 실현하고 있는 것은 물론 현금 보유 수준도 대단했습니다.

얼마나 튼튼한 회사인지 알 수 없었는데 데이터를 통해서 확인한 결과 알짜배기 회사라는 느낌이 들었습니다. 배당을 많이 줄 수 있는 재무구조를 지니고 있어 일회성으로 배당을 주고 마는 그러저러한 회사가 아니라는 판단이 섰습니다. 일단 안정된 배당주라는 점에서 동아타이어에 대한 관심이 높아졌습니다.

<표 8> 매출액·영업이익 등에 관한 공시

매출액 또는 손익구조 30%(대규모 법인 15%) 이상 변경

동 정보는 동사가 작성한 결산자료로서, 외부감사인의 감사결과 수치가 변경될 수 있으므로 추후 「감사보고서 제출」 공시를 반드시 확인하여 주시기 바랍니다.

1. 재무제표의 종류		연결			
2. 매출액 또는 손익구조 변동 내용(단위:천원)		당해사업연도	직전사업연도	증감금액	증감비율 (%)
- 매출액		167,633,139	205,744,147	-38,111,008	-18.5
- 영업이익		12,451,399	22,378,404	-9,927,005	-44.4
- 법인세비용차감전계속사업 이익		12,927,343	31,069,283	-18,141,940	-58.4
- 당기순이익		9,704,945	23,987,094	-14,282,149	-59.5
- 대규모법인여부		미해당			
3. 재무현황(단위:천원)		당해사업연도		직전사업연도	
- 자산총계		455,214,202		474,371,544	
- 부채총계		68,461,549		96,570,090	
- 자본총계		386,752,653		377,801,454	
- 자본금		6,866,507		6,866,507	
- 자본총계/자본금 비율(%)		5,632.4		5,502.1	
4. 매출액 또는 손익구조 변동 주요원인		- 종속회사 신규 생산 가동에 따른 가동초기 일시적 비용 증가로 인한 영업이익 감소 - 투자자산 평가금액 변동으로 인한 당기순이익 감소			
5. 이사회결의일(결정일)		2024-02-22			
- 사외이사 참석여부	참석 (명)	1			
	불참 (명)	-			
- 감사(사외이사가 아닌 감사 위원) 참석여부		참석			
6. 기타 투자판단과 관련한 중요사항					

빈털터리 월급쟁이의 터닝 포인트

- 상기 당해사업연도 및 직전사업연도의 손익 및 재무현황은 한국 채택국제회계기준(K-IFRS)에 따라 작성된 연결재무제표 기준으로 작성 되었습니다.
- 상기 당해사업연도 내용은 외부감사인의 회계감사가 완료되지 않은 상태에서 작성된 자료이 며, 외부감사인의 감사결과 등에 따라 일부 변동될 수 있습니다.

관련공시	-

<지배회사의 추가 공시사항>

구분	재무제표	당해 사업연도	직전 사업연도
비지배지분 제외 자본총계 (단위 : 천원)	연결	386,752,653	377,801,454
자본총계˚/ 자본금 비율(%) (˚비지배지분은 제외)	연결	5,632.4	5,502.1
매출액(단위:천원)	별도	162,329,686	201,504,926

다른 기업은 배당을 얼마나 주는지 비교해봐야겠다며 찾아보 다가 자연스럽게 알게 된 회사가 DN오토모티브라는 회사입니 다. 동아타이어와 대표이사가 같네요. 게다가 지분율도 각각 30%가 넘는 독보적인 대주주입니다.

'이 회사는 뭐지?' 일단 배당률부터 확인해봤습니다. 주당 2,500원을 준다고 공시했습니다. 시가배당률은 2.9%네요.

'동아타이어는 주가가 낮은데도 8%를 주는데 여긴 덜 주네?'

주주명부폐쇄(배당기준일) 결정 공시도 떠 있습니다. 주주명부 폐쇄기준일이 2024년 2월 29일로 동아타이어와 같습니다.

그런데, <표 9>에서 보듯이 DN오토모티브는 2023년 말에 공시를 미리 했네요.

<표 9> 기타 경영사항(자율 공시)-정관 변경에 따른 배당기준일 안내

기타 경영사항(자율공시)

1. 제목	정관 변경에 따른 배당 기준일 안내
2.주요내용	1. 배당기준일 안내 당사는 2023.3.24. 정기주주총회시 정관 개정을 통해 이사회의 결의로 배당기준일을 정할 수 있도록 하였습니다 가. 개정내용 : 정관 제45조 (이익배당) - 변경 전 배당은 제13조 제1항*에서 정한 날 현재의 주주명부에 기재된 주주 또는 등록된 질권자에게 지급한다 *제13조(기준일) 1항 이 회사는 매년 12월 31일 최종의 주주명부에 기재되어 있는 주주를 정기주주총회에서 권리를 행사할 주주로 한다 - 변경 후 (현행) 이 회사는 이사회결의로 배당을 받을 주주를 확정하기 위한 기준일을 정할 수 있으며, 기준일을 정한 경우 그 기준일의 2주 전에 이를 공고하여야 한다 2. 배당 기준일 관련 유의사항 안내 당사는 2023년 회계연도 결산 배당 기준일을 2024년 2월 중순 이후로 정하고, 해당 배당 기준일에 당사 주식을 보유하신 주주에게 배당을 지급할 예정입니다 이에 따라 2023년 12월말 당사 주식을 보유하신 주주라도, 2023년 회계연도 배당 기준일에 당사 주식을 보유하지 않는 경우에는 이익배당이 지급되지 않음을 안내 드립니다.
3. 결정(확인)일자	2023-12-15
4. 기타 투자 판단과 관련한 중요 사항	
배당 여부, 배당 기준일 및 배당금 등 세부사항은 이사회 및정기 주주총회에서 결정됩니다.	
관련공시	2023-03-24 정기주주총회결과

어느 정도 규모의 회사인지 공시를 확인해봤습니다.

<표 10>을 보면 이 기업의 작년 영업이익은 놀랍게도 4,900억 원임을 알 수 있습니다.

<표 10> 매출액· 영업이익 등에 관한 공시

매출액 또는 손익구조 30%(대규모 법인 15%) 이상 변경

동 정보는 동사가 작성한 결산자료로서, 외부감사인의 감사결과 수치가 변경될 수 있으므로 추후 「감사보고서 제출」 공시를 반드시 확인하여 주시기 바랍니다.

1. 재무제표의 종류	연결			
2. 매출액 또는 손익구조 변동내용(단위:천원)	당해사업연도	직전사업연도	증감금액	증감 비율 (%)
- 매출액	3,269,243,065	3,156,376,224	112,866,842	3.6
- 영업이익	490,001,624	421,528,486	68,473,139	16.2
- 법인세비용차감전계속사업이익	387,405,739	253,511,360	133,894,379	52.8
- 당기순이익	281,359,250	184,899,013	96,460,236	52.2
- 대규모법인여부	해당			
3. 재무현황(단위:천원)	당해사업연도		직전사업연도	
- 자산총계	4,608,717,977		4,591,590,752	
- 부채총계	3,164,264,286		3,460,082,192	
- 자본총계	1,444,453,692		1,131,508,560	
- 자본금	4,997,003		4,997,003	
- 자본총계/자본금 비율(%)	28,906.4		22,643.7	
4. 매출액 또는 손익구조 변동 주요원인	- 주요 종속회사의 이익율 개선에 따른 손익구조 변동 발생			

5. 이사회결의일(결정일)		2024-02-06
- 사외이사 참석여부	참석 (명)	
	불참 (명)	
- 감사(사외이사가 아닌 감사위원) 참석여부		참석
6. 기타 투자판단과 관련한 중요사항		

- 상기 금액은 천원 단위에서 반올림한 금액이며, 한국채택국제회계기준(K-IFRS)에 따라 작성된 연결기준의 잠정 실적임.
- 상기 내용 중 당해사업연도 수치는 외부감사인의 회계감사가 완료되지 않은 상태에서 작성되었으므로, 외부감사인의 감사결과 등에 따라 변경될 수 있음.

관련공시		-

<지주회사의 추가 공시사항>

구분	재무제표	당해 사업연도	직전 사업연도
비지배지분 제외 자본총계 (단위 : 천원)	연결	1,189,230,210	874,799,779
자본총계˚ / 자본금 비율(%) (˚비지배지분은 제외)	연결	23,798.9	17,506.5

　　영업이익이 5천억 원 가까이 나는데도 시가총액은 1조 원도 안 됩니다. 이 기업은 배당 외에도 추가로 관심 가질 필요가 있겠습니다. 구미가 당깁니다. 상관관계를 파악했으니, 차이점에 대해서는 나중에 알아보기로 했습니다. 그런 후 이제 두 회사의 공시 전후 주가와 배당기준일, 배당락일의 주가부터 비교해봐야겠습니다.

구분	동아타이어		DN오토모티브	
	주가	전일	주가	전일
2월 14일	12,620	0.16%	85,600	0.58%
2월 15일	12,420	1.58%	85,600	0.00%
2월 19일	13,140	4.95%	88,400	1.38%
2월 27일	13,450	0.45%	85,500	1.38%
2월 28일	12,440	7.51%	85,500	0.00%

두 회사 모두 배당기준일과 주주명부폐쇄 공시 내용이 동일합니다. 2월 27일까지 갖고 있어야 배당금을 받을 수 있으니 배당락일은 2월 28일입니다. 동아타이어는 시가배당률이 8%로 주당 1,000원을 준다고 했는데, 배당락일에 1,010원이 떨어졌으니 배당락에 근접한 수치인 데 반해, DN오토모티브는 시가배당률이 2.9%로 주당 2,500원을 준다고 했는데 배당락일에 한 푼도 안 떨어졌습니다.

물론, 이후 주가도 비교해봐야겠지만 동아타이어 주식을 산 투자자의 경우 배당락일에는 마음고생을 많이 했겠다는 생각이 언뜻 들다가도 공시일 이후 며칠 동안 주가가 많이 올랐으므로 배당받은 효과는 충분히 봤다는 결론이 나옵니다. 반면 DN오토모티브는 '뭐지?'라는 생각이 듭니다. 배당공시를 하고 나서도 주가 변동 폭이 거의 없었음은 물론이거니와 배당락일에 주가 변동이 없었으니까요. 공부할 필요성이 느껴집니다.

배당만 보고 들어올 때는 무슨 일이 있어도 배당만 받고 판다는 명확한 기준이 있으니까 크게 마음 졸일 필요가 없겠지만, 배당도 받고 계속 보유할지 판단할 생각이라면 다른 데이터까지 면밀하게 분석해야 합니다.

그런 연유로 실적도 좋고 이익도 발생하는 기업에 투자했으면 배당은 덤이라는 생각으로 접근하는 것이 속 편하고도 현명한 결정일 수 있습니다. 배당만 따로 떼서 보지는 말았으면 좋겠다는 얘기입니다. 그렇게 선택한 기업일수록 배당락일이 지나면 주가가 회복하는 것은 물론 지속해 우상향한다는 결과를 보여 줄 확률이 크기 때문입니다. 오로지 기업의 실적만이 유효한 판단기준입니다.

어떤 종목을 사야 수익이 극대화될 것인지를 정확히 알 수 있다면 좋겠지만 현실은 그렇지 않죠. 그렇다고 해도 어떤 종목을 고를 것인지에 대한 정보는 충분히 넘쳐납니다.

단순하게 배당 좀 받아볼 요량으로 새로운 뉴스 확인차 들어온 전자공시시스템이었지만, 배당에 대한 정보뿐만이 아니라 기업의 전반적인 흐름까지도 연관 지어 파악할 수 있었습니다. 여러분도 한 번쯤 들어가 보시면 투자정보 창고를 찾았다는 생각이 들 것입니다.

영업이익이 꾸준하게 발생하고 있는지, 부채비율은 어떤지,

대주주의 지분율이 어느 정도인지 등에 대한 자료를 최근 몇 년간의 공시 내용을 통해 확인한다는 의미는 히스토리를 찾아 들어간다는 것과 다름없습니다.

역사를 알아야 미래가 보이겠죠. 만약에 제가 삼성전자를 사겠다는 가정을 해보겠습니다. 그럴 리야 없겠지만 실제 인수할 만한 자금 여력도 있다고 해도 과연 삼성전자가 저에게 팔까요? 돈이 있어도 원하는 기업을 내 것으로 만들기가 어려운 마당에 돈 없는 우리 같은 월급쟁이들은 오죽하겠습니까?

그런데, 돈이 없는 우리가 삼성전자를 인수할 방법이 있다는 것이죠. 그것은 삼성전자의 주식을 사는 것입니다. 삼성전자의 주식을 산다는 의미는 삼성전자를 인수하겠다는 결정을 내리는 과정과 크게 다르지 않다고 얘기하고 싶어서 꺼낸 말입니다. 돈이 되니까 회사를 인수하겠다고 결정하듯이 돈을 벌 수 있다고 생각하니까 그 회사의 주식을 사는 것이잖아요?

돈 된다는 정보가 어디에서 나올까요?

물론 실제 돈 번 사람들 얘기를 들어보면 남들이 모르는 정보를 먼저 알았기 때문이라고 하지만, 제가 생각하기에는 널려있는 정보를 어떻게 받아들이는지에 따라서도 달라질 수 있다고 말하고 싶습니다.

관심 종목을 스트레이트 형태의 단편적인 뉴스로만 받아들이지 말고 전자공시시스템을 통해서 근본적인 데이터를 파악하고 분석해 보시기 바랍니다. 집중해서 들여다보면 투자의 핵심 포인트가 보일 것입니다. 통찰력 Insight, 인사이트은 우연히 얻어지는 게 아닙니다. 부단한 노력에 따른 결과입니다.

공시를 통해 관심을 갖고 있던 것 이외의 다른 정보까지도 파악할 수 있다는 얘기를 드렸습니다. 기본 원칙을 무시하면 어떤 경우에도 성공할 수 있는 확률은 떨어질 수밖에 없을 것입니다. 뉴스라고 모든 것이 사실인 것은 아닙니다. 정보의 근원인 보물창고를 활용하시기 바랍니다.

※ 동아타이어는 2024년 9월 7일 DN오토모티브로 흡수합병되었으며, 10월 8일 합병 신주가 유가증권시장에 상장되었습니다.

거래량

거래량은 제가 주목하는 변수는 아닙니다. 하지만, 이익 실현이라는 목적에 부응하기 위해서는 대단히 중요합니다. 기업이 발행한 주식 자체가 적거나, 주식 대부분을 대주주가 보유하고 있으면 거래량 자체가 미미할 수밖에 없습니다. 사려는 사람이 있어야 팔 수 있는데, 그것도 사려는 사람이 조금이라도 많아야 시세보다 좋은 가격으로 팔 수 있을 텐데, 사려는 사람이 적으면 손해 보고 팔아야 합니다. 특히, 큰 하락장이거나 개인적인 특별한 이벤트가 있어서 오늘 다 팔아야 하는 경우라면 스텝이 더 꼬이게 됩니다. 최악의 경우 시세보다 많이 손해 보면서 내놓아도 안 팔리는 경우가 허다합니다.

　매수할 때야 여러 번에 걸쳐서 사도 문제없겠습니다만, 결정적으로 팔아야 할 때 안 팔리면 그야말로 불면의 밤이 길어질 수밖에 없지요. 시장원리가 정확히 작용하는 곳이 바로 주식시장입니다. 이 단순한 원리를 간과해서는 마음고생이 심할 수밖에 없습니다. 그러므로 당연히 하루에 주식이 얼마 정도 사고 팔리는지 즉, 주식 거래량을 아는 것은 중요합니다. 여기까지는 대부분 동의하실 것입니다.

　그런데 저는 이 거래량도 투자 규모에 따라 달라질 수 있다는 얘기를 드리고 싶습니다. 내가 1억 내외의 투자 규모로 준용하고 있다면 거래량은 큰 의미가 없다는 뜻이기도 합니다. 물론 총 주식 수, 대주주 비율, 외국인·기관·개인투자자의 비율이 어느 정도인지까지도 파악하고 있으면 판단하는 데 플러스 요인은 되겠지만, 그보다는 나의 투자 규모가 얼마인지가 더 중요합니다. 이를 거래량과 비교해서 설명하겠습니다.

　우선 삼성전자를 예를 들어보겠습니다. 2024년 2월 6일~3월 6일까지 대략 한 달간만 살펴보겠습니다. 하루 평균 거래량이 1,634만 주네요. 3월 6일 종가 72,900원입니다. 삼성전자의 액면가는 100원입니다. 총주식 수는 60억 주, 외국인 지분율은 54.6%, 시가총액은 434조 원입니다. 7만 원짜리 주식이 하루에 1,600만 주 이상 거래된다는 얘기는 나의 투자 규모와 상관없이 언제든 사고팔 수 있다는 얘기입니다.

그렇다면 하루에 1천만 주가 아니라 10만 주 내외의 거래량을 보이는 종목은 어떨까요?

삼성화재를 보겠습니다. 하루 평균 거래량이 14만 주네요. 3월 6일 종가 299,000원입니다. 액면가는 500원입니다. 총주식 수는 4,700만 주, 외국인 지분율은 53.6%, 시가총액은 14조 4천억 원입니다. 하루에 14만 주가 거래된다고 해서 규모가 크지 않다고 볼 수는 없습니다. 한 주 가격이 30만 원에 가까운 종목이기 때문입니다. 과연 개인투자자들이 몇 주를 보유하고 있을까요? 오늘 1억 원을 투자했다면 333주를 보유하고 있겠네요. 하루 거래량이 14만 주 정도 되므로 이 3백 주를 원할 때 전량 파는 데는 지장이 없어 보입니다. 심지어 투자 규모가 10억 원이어도 문제가 없어 보입니다. 그렇다면 하루 거래량이 1~2만 주 정도 되는 종목은 어떨까요?

아무런 설명 없이 옆 사람에게 이렇게 물어보세요.

"내가 좋은 종목 하나 발굴했거든. 그런데 말이야 하루에 2만 주밖에 거래가 안 돼. 이거 사야 해, 말아야 해?"

대부분이 이렇게 대답할 것입니다.

"거래량이 2만 주밖에 안 된다고? 이것 봐 친구야. 거래량 적은 건 무조건 피해야 하는 거야."

위에서 배당금을 얘기하며 소개한 DN오토모티브를 예로 들어 설명해보겠습니다.

하루 평균 거래량이 2만 주네요. 3월 6일 종가 82,200원입니다. 액면가는 500원입니다. 총주식 수는 999만 주, 외국인 지분율은 2.7%, 시가총액은 8천억 원입니다. 외국인 비중도 미미한데다 대주주 지분율이 높은 기업이네요. 오늘 1억 투자했으면 1,216주를 살 수 있었겠네요. 하루에 2만 주 정도 거래되는데, 내가 1천 주를 판다고 시장에 내놓아도 시세에는 큰 영향을 주지 않을 듯싶고 하루에도 다 팔릴 것 같습니다.

세 군데 기업의 사례를 한 달가량의 기간으로만 비교해봤는데, 공통점은 5% 이상 크게 상승한 날도, 5% 이하로 크게 하락한 날도 많지 않다는 것입니다. 당연히 상한가나 하한가를 기록한 날도 몇 년 동안 찾아볼 수 없었습니다.

결론적으로 투자 금액이 얼마냐에 따라서 이 거래량이 상수가 될지, 변수가 될지, 아니면 무시해도 될지에 대한 답이 나오네요. 1억 원 내외의 투자 규모라면 거래량이 적은 종목도 영향이 없어 보입니다. 그저 이익이 지속해 나는 기업인지 아닌지만 보시고 판단하면 되겠습니다.

물론 이렇게 물량이 적은 종목인 경우라도 투자 규모가 1억이 아니라 10억이라면 얘기는 180도 달라집니다. 투자 규모가 시세에 대단한 영향을 미칠 것입니다. DN오토모티브의 경우 10억이면 12,165주입니다. 하루에 평균 2만 주가 거래되므로 60%에 해당하는 물량을 나눠서 내놓는다고 해도 시세에 큰 영향을 줄 것입니다.

"오늘 팔려는 사람이 많네?

그것도 시세보다도 싸게 내놨네?"

시장가 매도라는 주문 형태가 있지만 실제로 본 적은 없습니다. 당장 현금이 필요해서 오늘 무조건 팔아야 하는 경우가 있다고 가정하겠습니다. 얼마나 싸게 내놓아야 팔릴지 모르니 시세에 맡기는 거죠.

그런데, 시장가 매도 신호가 뜨는 순간, 원래 매수하려고 생각했던 투자자들이 매수를 취소해버립니다. 내가 생각했던 가격보다 더 싸게 내놓았으니 기다리다가 훨씬 싼 가격에 사면 되니까요. 오늘 무조건 팔아야 하는 사람은 원래 본인이 생각했던 가격보다 현저하게 낮은 가격으로 팔리는 걸 눈 뜨고 그냥 볼 수밖에 없습니다.

이렇듯 투자자의 생각이 주식시세를 결정합니다. 팔려는 물량이 많아지면 주가가 더 내려가겠지요. 상황이 그러다 보면 한꺼번에 매도하는 것도 수월하지 않을 것입니다. 며칠에 걸쳐서 파는 방법을 택할 수밖에 없는데 그동안 주가 변동을 알 수 없으니 마음고생 또한 심할 것입니다. 시장가 매수는 정반대의 개념입니다. 이 역시 저는 본 적이 없습니다. 주가가 빌빌거릴 때 어떤 큰손이 제발 좀 주가를 올려 줬으면 좋겠다는 생각을 한 적은 있습니다.

거래량은 나의 투자 규모와 반드시 연결 지어 생각해야 합니다. 1억 내외의 투자 규모라면 이익이 지속해 우상향하는 기업만으로 판단하셔도 되니 거래량에 너무 집착하지 않아도 되겠습니다.

다소 마음고생할 정도의 멘탈만 유지하고 있으면 됩니다.

분산 매매

주식에 관한 격언 가운데 달걀을 한 바구니에 담지 말라는 말이 있습니다. 분산 투자를 강조할 때 종종 인용됩니다. 저는 이 분산 투자의 개념을 대폭 축소해서 분산 매매 방법으로 설명해 드리려고 합니다. 통상 분산투자라고 하면 리스크의 헷지hedge 개념이므로 서로 다른 유형의 주식, 채권, 부동산 등에 나눠 투자하라는 의미일 텐데, 여러 개의 바구니에 담으라니까 단순하게 삼성전자, 삼성화재, 네이버, 카카오 등으로 주식 종목만 나눠서 운용하는 경우를 많이 봐 왔습니다. 주식을 여러 종목으로 나눠서 투자하는 것도 협의의 분산투자라고 할 수 있겠습니다만, 그와 반대되는 개념의 '선택과 집중'이라는 말도 많이 들어보셨을 겁니다.

이것도 오를 것 같고, 저것도 오를 것 같고, 혹여 이 종목이 떨어지면 저 종목으로 만회하면 된다는 생각으로 많은 종목을 운용하는 분들이 계십니다. 상대적으로 많은 시간을 투자했음에도 마음고생은 고생대로 하고 수익률은 개선되지 않더군요.

주식시장은 공부를 제대로 하지 않으면 확신을 가질 수 없는 구조입니다. 앞 장에서 종목 선택의 중요성을 말씀드렸듯이 집중해야 그나마 원하는 수익률에 접근할 수 있습니다.

저는 열심히 분석하고 연습해서 선택한 1~2개 종목만 운용합니다. 저의 분산 매매 개념은 기본적으로 '주식은 매수만 한다.' '매도는 이벤트가 있을 때만 한다.' '동일한 종목을 계속 보유한다.'라는 전략입니다. 우스갯소리로 안 좋은 일로 감옥에 5년 갔다 왔더니 주식이 10배 올랐더라는 얘기가 유행인 적이 있었습니다. 웃으며 넘길 얘기가 아닌 것이 언제 팔아야 할지를 모른다면 사 놓고 기다리고 또 사고 이러는 겁니다. 치열하게 공부해서 선택한 종목인데 그리 쉽게 팔아서야 되겠냐는 믿음이 있기 때문입니다. 어느 한 종목을 매수할 때도 예수금을 한꺼번에 모두 소진하지 말고, 매도할 때도 전량을 팔아버리지는 말아라. 그리고 팔았으면 또 그 종목을 사라는 뜻입니다.

• 분산 매수

분산 매수부터 설명해보겠습니다. 저에게 1억 원의 현금이 있다고 가정하겠습니다. 아무리 확실한 종목 하나를 선택해도 1억 원을 한꺼번에 매수하지 않습니다. 처음에 10% 정도인 1천만 원어치를 삽니다.(몇 퍼센트인지는 독자분마다 다를 수 있으므로 투자 금액과 종목에 따라서 판단하시면 되겠습니다.)

90%의 현금이 남아있습니다. 오르는 추세이면 더 삽니다. 내리는 추세라면 여러 가지를 봐야 합니다. 손절할 가이드라인을 정해 놓고 대응합니다. 예를 들어 주간에 5% 이상 내린다면 팔고 좀 쉬었다가 5% 이상 오르면 추가로 매수하는 방식입니다. 그런데 저와 같은 방식으로 하면 많은 인내심이 필요합니다. 제 얘기처럼 투자 금액의 10%만 샀는데, 20%까지 급등하면 얼마나 속이 쓰리겠어요.

"아! 그때 몰빵했어야 했는데… "

정반대의 경우 몰빵했는데 20%나 손해를 봤다면 어떤 반응이 나왔을까요?

주식시장에서는 투자자를 크게 개인, 법인(기관), 그리고 외국인 투자자로 분류합니다. 저는 이 세 가지 유형의 투자자를 사람이라고 칭하겠습니다. 그러니까 우리나라에서는 세 사람만이 주식투자를 하는 셈입니다. 우리나라 주식시장에서 이 세 사람 중 누구의 포지션이 제일 클까요?

<표 12> 2022년 3월 17일 한국예탁결제원에서 발표한 2021년 주식소유자 현황(참조: 2021년 12월 결산 상장법인 2,426사의 소유자 수는 약 1,384만 명. 중복소유자 제외 수치)

구분	개인	법인(기관)	외국인
소유자 수	1,374만 명 (99.2%)	3.9만 명 (0.3%)	3.1만 명 (0.2%)
소유 주식 수	544억 주 (50.7%)	389억 주 (36.3%)	135억 주 (12.5%)
1인당 평균 소유 주식 수	3,958주	100만 주	44만 주

개별 소유자 수로는 예상대로 개인이 99.2%로 압도적으로 많네요. 소유 주식 수도 개인이 50.7%로 과반수를 넘기고 있습니다. 그렇다면 우리나라 주식시장은 개인이 쥐락펴락해야 하는데, 현실은 정반대로 기관과 외국인이 쥐락펴락합니다.

이유는 <표 12>에서도 보듯이 1인당 평균 소유 주식 수를 보면 답을 알 수 있을 것입니다. 개인은 평균 4천 주도 안 되네요.

그에 반해 기관은 100만 주씩, 외국인은 44만 주씩 보유하고 있습니다. 1인당 굴리는 액수에서 차원이 다른 것입니다. 게다가 1,400만 명 가까이 되는 개인은 안타깝게도 한 몸이 아니라는 겁니다. 이처럼 중과부적衆寡不敵의 게임에서 개미라고 불리는 개인투자자가 이길 방법이 과연 있을까요? 그런데도 가용할 수 있는 돈 자체가 적은 사람이 상식적으로도 확률이 낮은 게임에 불나방처럼 뛰어드는 이유가 뭘까요?

"따면 크게 먹을 수 있으니까"

그러다가 앞에서 말씀드린 카지노 꼴 나는 것입니다. 잃을 수도 있다는 생각을 하고 들어가야 하는 시장이니만큼 충분한 공부와 연습이 필요한데도 불구하고 일회성 놀이인 카지노처럼 생각하고 뛰어듭니다. 마트에서 몇만 원 때문에 쇠고기를 들었다 놨다 하고, 몇천 원 때문에 사과와 딸기를 쇼핑카트에 넣었다가 빼고 하는 제 아내가 생각납니다.

독자 여러분 중에는 중고등학교 시절 소위 '짤짤이'라고도 불리던 '쌈치기'를 직접 해봤거나 옆에서 지켜봤던 분도 계실 것입니다. 셋 이상이면 쌈치기 게임이고, 둘이면 홀짝 게임을 하게 되죠.

홀짝 게임을 예로 들어보겠습니다. 동전을 몇 개 쥐든지 간에 홀, 아니면 짝으로만 승패가 갈리죠. 번갈아 가면서 한 사람은 쥐고 나머지 한 사람은 돈을 겁니다. 이 게임의 승패 확률은 기본적으로 50%입니다. 물론 돌아가면서 동전을 쥐지만 희한하게도 일방적으로 돈을 따는 친구들이 있습니다. 이게 묘한 심리 싸움이거든요.

그런데 거는 사람이 100% 이기는 방법이 있습니다. 홀을 선택하든, 짝을 선택하든 잃을 때마다 잃은 금액의 두 배 되는 금액을 거는 겁니다. 그러다 한 번 걸리면 이깁니다.

그러나 이 방법은 잃을 때마다 두 배 금액을 걸 만큼의 돈이 계속 있어야 합니다.

우리나라에서 주식에 투자하는 사람은 세 사람밖에 없다고 말씀드렸죠? 세 사람 중에서 이 방법을 쓰지 못하는 유일한 사람이 바로 개인입니다. 자금력이 약한 저 같은 개미들은 분산 매수를 해야 딸 확률이 높아집니다. 한정된 현금으로 맞붙으려면 그 한정된 현금을 잘 돌려야 됩니다. 처음부터 현금을 다 소진해버린다면 반등할 때 대응할 수가 없습니다. 우리가 외국인, 기관투자자와 맞서 싸우려면 적어도 그들의 방법을 일정 정도 차용해야 합니다. 1억 원어치 사 놓고 오를 때만 기다릴 건가요? 그러다가 누가 봐도 오른다는 시그널이 올 때 정작 현금이 없으면 어떻게 하나요? 빚내서라도 사야 하나요?

기본적으로 예치한 투자 금액을 모두 소진해서는 안 됩니다. 언제든지 살 수 있도록 준비가 되어 있어야 합니다. 외국인과 기관투자자들은 그럴만한 투자 여력이 있지만, 개인투자자는 한계가 있으므로 현금(실탄)을 일정 정도 비율만큼은 보유하고 있어야 합니다. 급등할 때 더 사지 못한 후회가 들 수도 있겠지만 단 한 번의 매수로 결정 나는 시장이 결코 아닙니다.

제가 앞 장에서 종잣돈 1천만 원과 매월 60만 원의 가용자금이 확보된 후에야 주식투자를 다시 했다고 말씀드렸는데, 종잣돈 외에 기본적으로 가용할 수 있는 금액인 매월 60만 원으로는 매수만 합니다.

몇 주가 아니라 매월 같은 금액을 매수하는 것이 포인트입니다. 그래야 기업 가치와 수익률의 흐름을 알 수 있습니다. 적금 가입하는 개념으로 접근했습니다. 단 만기가 정해져 있지 않은 적금인 거죠. 외국인과 기관투자자를 상대로 이익을 얻으려면 적금식 투자 방법이 대안이 될 수 있습니다. 올라도 사고 내려도 삽니다. 저는 종잣돈도 적금식으로 매수한 것과 같은 종목에 투자하는 것을 추천하지만, 일반적으로 적용하기에는 무리가 있어 보이니 독자님의 판단에 맡기겠습니다. 3년 정도 공부해 신중하게 선택한 종목이니만큼 수익률이 크게 따라오더군요. 적금식 주식 매수 방법은 제가 적극적으로 주변 분들에게 권해드리는데, 대부분은 몇 달 해보다가 감질나서 못 하겠다고 손 들고 나오시더군요. 물론 충분히 그 마음을 이해합니다.

저도 초기에는 그랬으니까요.

그럴 때마다 반문합니다.

"적금 든 지 두세 달 만에 해지하나요?"

적금식 주식 매수의 효과에 대해서 알기 쉽게 제가 예시를 들어보겠습니다.

만약 제가 매월 60만 원을 삼성전자와 삼성화재로 나눠서 2년 동안 운용했으면 어떤 결과를 얻을 수 있었을지 예를 들어 설명해보겠습니다. 해당 종목을 예로 든 이유는 성격이 다른 유형의 기업에 대한 분산투자의 개념을 적용해보려는 의도였기 때문입니다.

한 종목은 우리나라 1등 기업이기도 하지만 세계 경제에 민감하면서도 대표적인 수출 기업인 삼성전자, 또 다른 종목은 경기 후행주後行株이면서도 내수 산업의 대표적인 보험회사인 삼성화재입니다. 두 종목의 특징은 상승과 하락의 변동 폭이 크지 않습니다. 적금식 주식투자의 종목 선택 시 중요하게 고려해야 할 것은 변동 폭이 크지 않을 때 효과가 있다는 것입니다. 변동 폭이 큰 주식의 경우 수익률은 적은 반면 마음고생은 많을 수 있습니다. 다른 기업으로 시뮬레이션해보더라도 비슷한 패턴의 결과가 나오지 않을까 생각합니다. 물론 정도의 차이는 있겠지요.

제 월급날인 21일에 매달 60만 원을 매수한다고 가정해서 말씀 드리겠습니다. 직접 해보면 월 투자 금액이 정확히 60만 원으로 떨어지지는 않을 것입니다. 주당 가격이 있을 것이니까요. 오르건 내리건 간에 매월 동일 날짜에 60만 원 수준으로 매수합니다. 이해를 쉽게 하기 위해서 매수 금액은 종가 기준으로 적용했습니다.

＜표 13＞을 보겠습니다.

2024년 5월 13일 종가 기준으로 평가해봅니다. 위 예시대로 투자했다면 2년 동안 수익률이 35%가 나오네요. 연간 17%가 넘는 수익률입니다. 삼성전자가 18%, 삼성화재가 51%의 수익률이 나왔습니다. 이런 결과로만 보면 "60만 원 다 삼성화재로만 살걸!"이라는 탄식도 나올 법 하지만 어디까지나 결과론적인 얘기입니다.

2년 동안 1,487만 원을 투자했더니 2천만 원으로 불어났네요, 매월 60만 원짜리 2년 적금을 주식으로 가입했더니 516만 원의 이자가 붙은 셈입니다. 세금은 한 푼도 안 냅니다.

게다가 배당금은 덤입니다. 삼성전자의 배당금은 분기 기준 주당 361원이니까 1년 배당금은 주당 1,444원이고, 삼성화재는 주당 16,000원의 배당금을 줍니다. 배당금만 70만 원이네요. 배당소득세를 제하고도 58만 원을 받은 것입니다. 한 달 치 주식을 살 수 있는 금액입니다.

결론적으로 얘기하면 2년 동안 매월 60만 원을 주식으로 적금했더니 586만 원의 이익을 본 것입니다.

<표 13> 적금식 주식투자 사례

년	월	삼성전자			삼성화재			월 투자 금액
		단가	수량	매입 금액	단가	수량	매입 금액	
2022년	5월	68,000	3	204,000	199,500	2	399,000	603,000
	6월	58,500	4	234.000	195,500	2	391,000	625,000
	7월	61,800	4	247,200	198,500	2	397,000	644,200
	8월	60,900	4	243,600	201,000	2	402,000	645,600
	9월	55,300	5	276,500	192,500	2	385,000	661,500
	10월	55,900	5	279,500	196,500	2	393,000	672,500
	11월	61,400	4	245,600	195,000	2	390.000	635,600
	12월	58,000	6	348,000	215,000	1	215,000	563,000
2023년	1월	61,800	4	247,200	206,000	2	412,000	659,200
	2월	62,100	4	248,400	206,000	2	412,000	660,400
	3월	60,300	4	241,200	207,500	2	415,000	656,200
	4월	65,700	6	394,200	216,500	1	216,500	610,700
	5월	68,400	5	342,000	235,500	1	235,500	577,500
	6월	70,500	5	352,500	221,500	1	221,500	574,000
	7월	70,300	5	351,500	240,000	1	240,000	591,500
	8월	66,600	5	333,000	253,500	1	253,500	586,500
	9월	68,900	5	344,500	263,500	1	263,500	608,000
	10월	68,800	5	344,000	260,000	1	260,000	604,000
	11월	72,800	5	364,000	248,500	1	248,500	612,500
	12월	75,000	5	375,000	257,000	1	257,000	632,000
2024년	1월	74,700	5	373,500	231,500	1	231,500	605,000
	2월	73,000	4	292,000	302,000	1	302,000	594,000
	3월	79,300	4	317,200	343,000	1	343,000	660,200
	4월	77,600	4	310,400	277,500	1	277,500	587,900
계			110	7,309,000		34	7,561,000	14,870,000
5월 13일 종가		78,400		8,624,000	335,500		11,407,000	20,031,000
수익률(%)		18			51			35

대한민국에서 이런 적금을 본 적이 있으신지요?

매일 같이 변하는 주식 가격이지만, 오르든 내리든 신경 쓰지

빈털터리 월급쟁이의 터닝 포인트

않고 매월 일정 금액을 정해진 날짜인 월급날에 매수했더니 놀라운 결과가 나오는군요.

적금식 주식 매수의 가장 큰 효과는 평균 매입 단가가 낮아지는 것입니다. 위 표에서 보면 2년 동안 삼성전자의 평균단가는 66,445원이고 5월 13일 종가는 78,400원입니다. 삼성화재의 평균단가는 222,382원이고 5월 13일 종가는 335,500원입니다. 단순히 '물타기' 개념이 아닙니다. 올라도 매수했고, 내려도 매수했으니까요.

이런 결과만 계속 나온다면 아무도 시중은행의 적금에 가입하려고 하지 않겠지요. 그러나 적금과 적금식 주식 매수는 엄연히 그 성격이 다릅니다. 적금의 기본 덕목은 원금 손해 없이 목돈을 만드는 기능입니다. 돈이 있으면 쓸 것 같으니 강제로라도 소비하지 않도록 제어해주는 기능도 해줍니다. 반면 적금식 주식 매수는 투자입니다. 원금 손실 가능성이 있는 것입니다.

적금 넣는 대신 적금식 주식 매수를 해볼까 하는 양자택일의 문제가 아니라는 것입니다. 적금식 주식 매수는 종잣돈이 없을 경우 또는 종잣돈 투자와 다른 패턴의 투자 방법으로 병행했을 때의 수익률 극대화 방법의 하나로 접근해 보시기 바랍니다.

일단 적은 금액이라도 1~2개 종목 정도를 잘 선택해서 2~3년 정도만이라도 꾸준하게 매월 주식을 매수해 보시기 바랍니다.

제가 주목하는 적금식 주식 매수의 가장 큰 효과는 수익률보다는 '멘탈 관리'입니다. 종잣돈 투자 시에도 도움을 줍니다.

다시 한번 <표 13>을 보겠습니다.

시뮬레이션을 근거로 하면 2022년 5월에 처음으로 삼성전자 주식을 68,000원에 매수합니다. 계속 떨어져서 다음 달인 6월에는 58,500원에 매수하게 되네요.

"괜히 이번 달에 넣어서 말이야, 다음 달부터 시작할걸!"

후회도 될 것입니다. 그럴 땐 "20만 원어치 샀는데 뭐~" 하며 스스로를 위안해 보세요. 마음이 다소 편안해질 것입니다. 그렇게 한 달, 또 한 달이 지나갑니다.

그런데 5월 매수 금액이 적금식으로 적게 넣은 20만 원이 아니라 2천만 원이었으면 어땠을까요? 1개월만 기준으로 했을 때, 수익률은 동일한 14%의 손실이지만 금액으로 보면 28,500원 손실 VS 279만 원 손실입니다. 2천만 원어치 주식을 샀다면 한 달 동안 어떤 기분이었을까요? 제가 보기에는 한 달도 지나기 전에 5~10% 정도 떨어졌을 구간에 매도하고 싶은 생각이 굴뚝같았을 것 같고, 실제 매도하지 않았을까 싶습니다. 매도하지 않고 참았다면 한 달이라는 기간 동안 얼마나 마음고생이 심했을까요? 월급쟁이에게 300만 원이라는 돈이 뭐 해볼 틈도 없이 사라진다면 회사 일이 손에 잘 잡히지도 않았을 것 같습니다.

적금식으로 투자하면 매일 일희일비─喜─悲하지 않아도 됩니다. 이 말은 오랫동안 기다리면서 투자할 수 있는 마음가짐이 된다는 뜻입니다. 앞에서도 얘기 드렸지만 주식시장은 하루나 이틀, 1년이나 2년으로 판가름 나는 그런 시장이 아니라고 한 이유이기도 합니다.

• 분산 매도

주식에 관심이 없던 배우자나 친구가 주식시장에 들어오면 팔라는 얘기가 있습니다. 이런 경우는 증시가 활황을 넘어서 과열될 때나 하는 얘기죠.

주식은 파는 것이 아니고 사는 것이라고 말하는 분도 계시는데, 이런 분들이 이익이 나더군요. 언젠가 그분도 팔긴 팔 텐데, 내가 보유하고 있는 주식을 팔고 다른 종목으로 갈아타려는 이유라면 팔 때 신중하라는 뜻이겠지요. 위에서 분산 매수에 대해 말씀드렸지만, 언제 얼마만큼 사야 할지를 판단하기가 쉽지 않은 것처럼 분산 매도의 경우도 언제 얼마만큼을 팔아야 할지를 결정하기가 어렵습니다.

누군가는 사는 것보다 파는 것이 중요하다고도 말합니다. 사는 것도 중요하고 파는 것도 중요합니다. 타이밍이 언제인지를 알려면 실전 외에는 방법이 없습니다. 조금씩이라도 팔아보는 것이죠.

적금식으로 매수한 주식은 일정 기간을 만기로 정해 놓고 매도하지 않는 것을 원칙으로 삼으면 견딜 수 있을 것이고, 그 일정 기간이 길면 길수록 저는 좋다고 생각합니다.

제 경험상 종잣돈으로 매수한 종목의 경우는 팔아야 할 이슈가 분명할 때만 매도하고, 매도 후에 다른 종목을 매수하는 것이 아니라 그 종목을 또 매수하는 경우 효과가 크더군요. 저는 정해진 수익률에 도달했다고 해서 한꺼번에 다 팔지는 않습니다. 더 오를 지 아무도 모르기 때문입니다. 일정 수의 주식만 팔아도 현금을 확보할 수 있어 추가 매수할 여력이 생기기 때문입니다. 처음 목표한 수익률에 도달하면 추진 동력이 지속될 것인지 아닌지를 봐야 하므로 며칠에 걸쳐서 매도하는 경우도 있습니다. 물론 위에서 말씀드린 매수의 사례처럼 다음 날 하락 폭이 클 경우 "아, 어제 다 팔았어야 했는데…"라는 후회가 들 수 있겠죠. 그러나 정반대의 경우도 생각하셔야 됩니다.

다음 날, 그다음 날도 계속 오른다면 더 큰 후회가 생기기 마련입니다. 조금만 팔아도 후회가 되고, 한꺼번에 팔아도 후회하니 팔지 말라는 말이 나옴직도 합니다.

물론, 정확하게 떨어지는 숫자로 매수와 매도가 되지는 않겠지만 실전에서 몇 번 정도 이러한 매매를 경험해보면 자신만의 가이드라인이 정해질 것입니다. 한 번에 오르고 내리는 종목은 없습니다. 그러니만큼 한 번의 매수와 매도로 결정지으려고 하지 마시기 바랍니다.

중요한 것은 이익 실현이나 손절을 통해서 일정 정도의 현금은 늘 준비되어 있어야 한다는 것입니다. 왜냐하면 언제든 추가 매수할 기회는 오기 때문입니다.

외국인과 기관투자자에 비해 개인투자자는 투자 자금과 시장 정보에 있어서 불리한 것은 사실입니다. 하지만 위에서 살펴봤듯이 개인투자자는 외국인과 기관투자자가 매매를 쉽게 결정하지 못하는 것과 달리 스피드에 장점이 있습니다.

판단 스피드, 즉 매도 판단의 속도에 있어서는 개인투자자가 훨씬 빠르겠죠.

경차가 주차하기 쉬울까요? 대형차가 주차하기 쉬울까요? 차를 뺄 때도 마찬가지입니다. 아내와 마트나 영화관 갈 때는 아내의 경차를 이용합니다. 주차 요금도 싸지만, 그것보다는 주차하기도 쉽고 방향 전환도 빠르다는 장점이 크기 때문이지요.

많은 사람의 이해관계가 걸린 돈을 운용하는 것에는 신속한 결정과 스피드에 제한이 있을 수밖에 없습니다. 특히, 급변하는 시장 상황일수록 펀드를 운영하는 대규모 투자자들의 경우처럼 당장 운신할 수 있는 폭이 제한되어 있다 보니 며칠 혹은 몇 주 후에야 매수와 매도가 이루어질 가능성이 큽니다.

반면 개인투자자는 판단과 스피드에 있어서 절대적으로 유리합니다. 빨리 나오고 들어갈 수 있습니다.

개미와 코끼리 중 누가 방향 전환이 빠르고 쉬울까요? 개미가 다니는 곳과 코끼리가 다니는 곳에도 엄연한 차이가 존재하는 만큼 작고 빠르게 움직일 수 있는 장점이 있는 개인투자자는 정보가 늦다느니, 투자 자금이 부족하다느니 하는 열등감에서만 벗어날 수 있다면 외국인과 기관투자자에 맞서 진검승부로 이길 수 있습니다.

내가 직접 발품 팔면서 눈으로 보고 얻은 정보로 결정한 주식입니다. 그만큼 확실한 정보는 없습니다. 그러니 그 주식만 사고파는 것입니다. 내가 알지 못하는 주식은 거들떠보지 않게 되더군요. 수익률은 안정적으로 따라왔습니다.

종잣돈 1천만 원으로 한 종목을 여러 번에 걸쳐서 사고팔았습니다. 최초 매수 시의 평균단가는 4만 원 정도 되더군요. 이때만 해도 간이 커서 "그래도 두 배는 먹고 나와야지"라는 생각이 들었답니다. 계속 오르더니 6만 원대로 진입하더군요.

아낌없이 전량 매도했습니다. 그런데 다음 날 그다음 날도 오르더군요.

'아! 다 팔면 안 되는구나!'

그러던 주식이 5만 원대로 떨어졌습니다. 주저 없이 또 샀습니다. 7만 원까지 뛰더군요. 이번에는 절반 정도만 팔고 이익을 실현했습니다. 다시 6만 원으로 떨어진 주식을 매수하고 중간중간 이익 실현하면서 지금까지 유지하고 있습니다. 그런데도 2년 넘는 기간에 매매 횟수는 네 차례 정도밖에 되지 않았네요.

물론 후회하는 일도 있었죠. 10만 원까지 올라갔을 때 다 팔았었으면 하는 후회는 있습니다. 지금 8만 원에서 왔다갔다 하니까요. 영업이익이 어떻게 되느냐에 따라서 5만 원까지 떨어질 수도, 10만 원 넘어서 20만 원까지 갈 수도 있겠지요. 앞에서도 말씀드렸지만, 주식시장은 한 번만 하고, 1년만 하고 끝나는 시장이 아닙니다. 저의 매도 형태가 틀리지 않았다고 계속 얘기할 수 있었으면 좋겠습니다. 매도는 매수하기 위해서 행하는 일련의 과정이라고만 생각하면 이해하기가 쉬울 것입니다.

제가 팔아야 할 이슈가 있을 때만 매도한다고 했고, 팔아도 그 종목을 다시 산다고도 했잖아요? 팔아야 할 이슈를 저는 이벤트가 생길 때마다로 정해 놓습니다. 이벤트별 매도를 한마디로 표현하면 "쓱"입니다.

예상치 못했던 소비 상황이 올 때 "쓱" 한 번 하란 얘기입니다.

• 쓱

어릴 때 제삿날이면 어머니는 쌀 가게에 가서 일반미 한 되를 사 오라는 심부름을 시켰습니다. 당시 제주도에서는 보리밥, 조밥을 주로 먹었고, 중학교 때 겨우 정부미를 먹었던 기억이 납니다. 정확히 기억하는데 고등학교 2학년이 되어서야 일반미로 도시락을 쌀 수 있었습니다. 일반미는 아버지 밥상이나 제삿날이 아니면 집에서 구경할 수가 없었던 시절이었습니다.

쌀 가게에 가서 일반미 한 되 달라고 하면 주인아저씨는 인심 쓰듯이 쌀독에서 크게 쌀을 퍼 올려서 됫박에 담습니다. 그걸 다 쌀 봉지에 담아주냐고요?

천만에요. 쓱 손바닥으로 됫박 한계선을 긋습니다. 곱디고운 흰 쌀이 우수수 쌀독으로 다시 떨어집니다.

주식 매도도 이와 같이 하면 됩니다. 한 됫박을 손바닥으로 쓱 쓸어내리는 것처럼 목표치가 초과되기를 기다리지 말고 이벤트가 있을 때 현금화하라는 뜻입니다.

돈을 버는 이유는 그 돈을 어딘가에 유용하게 쓰기 위해서입니다. 그러니 중요한 것은 언제, 어떻게 쓰느냐입니다.

TV 광고를 보다 보니 좋은 소파가 나옵니다. 3백만 원 정도 하네요. 아내가 푹신하면서도 품격있게 보이는 소파를 가리키며 말합니다.

"저거 좋다."

마침 소파가 오래되어서 교체할 때도 되었다면서.

"저거 괜찮아? 그래, 이왕 바꿀 거면 더 좋은 걸로 해!"

나는 호기롭게 말합니다. 아내의 속내도 모르면서. 소파가 마음에 들지만 제 아내는 한 달 지출 현황을 다 알기 때문에 선뜻 카드를 긁지 못합니다. 들으라는 듯 아내가 혼잣말합니다.

"세상 물정 모르는 소리 하고 앉았네."

고민할 필요 없습니다. 다음 날 주식을 팔아서 이틀 뒤 오만 원짜리로 예순 장을 봉투에 담아서 아내에게 툭 던지면서 이렇게 얘기합니다.

"이거 오다가 주웠어. 소파 바꾸든지 뭐 하든지 당신이 알아서 쓰라고"

때로는 결혼기념일에 1,000만 원을 현금으로 툭 던져보세요.

"여보~!"라고 부르는 배우자 표정과 떨림을 상상해 보시기 바랍니다.

내 주식 잔고의 5~10% 정도의 이벤트 금액이 발생한다면 기꺼이 매도하십시오.

목표한 행복 수치에 도달할 때까지 기다린 후에야 행복을 만끽하려고만 하지 않으면 일상이 행복해질 수 있을 것입니다.

중요한 이벤트가 있을 때마다 '쓱' 이란 단어를 떠올려 보시기 바랍니다. 소파나 냉장고 바꿀 때, 또는 결혼기념일에 아내에게 명품백 사주는 행복을 경험해보시기 바랍니다. 목표 금액 달성하기 전에 생길 수 있는 소소한 이벤트 시점에 '쓱' 한 번 하십시오. 카드만 긁는 게 아닙니다. 요즘 여행 체험 프로그램도 많이 나오던데, '저기 가볼까?' 생각났을 때 주저 없이 떠나 보십시오. 쓰윽 긁어서 말이죠.

3대 기본 철칙

누군가는 장기투자가 답이라고 합니다. 또 다른 누군가는 세계 경제 동향을 파악하며 미국 시장을 주시하다 우리나라 종합주가 지수에 맞춰서 치고 빠지라고도 합니다.

저는 기본적으로 장기투자가 옳다고 믿는 사람입니다. 대신 장기투자에 대한 개념은 일반적인 투자서에서 얘기하는 것과는 다릅니다. 한두 종목에 대해 장기투자를 하되, 주야장천 가지고 있으라는 뜻은 아닙니다. 30년 전에 삼성전자 주식을 가지고 있었다면 지금 수익률이 얼마라는 얘기를 이따금 접하곤 합니다. 그럴 때마다 도대체 30년 전에 얼마를 투자했었는지 무척이나 궁금해집니다. 하지만 아무도 이에 대해서는 말이 없습니다. 30년 전에 1억을 투자했었다면 신의 말씀인 줄 알고 따르겠습니다. 본인이 직접 눈으로 보고 얻은 정보를 토대로 주식 매수를 결정하고 그렇게 결정한 주식을 믿으라고 당부드렸습니다. 그 말은 계속 지켜보고 관심에서 멀어지지 말라는 뜻입니다. 한번 사고 나서 계속 갖고만 있는 것은 방치하는 것이나 다름없습니다. 각자의 스타일이 있겠지만 주식투자를 하는 사람이 지켜야 할 3가지 기본 철칙을 얘기해 보겠습니다.

① 목표 수익률을 결정한 뒤에는 절대 흔들리지 말아야 합니다

인생의 사이클이 있듯이 기업도 사이클이 있습니다. 하지만 일단은 자기 자신의 사이클에 맞추는 겁니다. 내 나이가 어떻고, 내 연봉은 얼마이며, 내 자녀가 몇 살이냐에 따라서 향후 변할 수 있는 사이클 말입니다. 기업의 사이클은 세계 정치와 경제의 흐름에 따른 국내 정치·경제의 여건, 해당 업종의 발전 속도 등 이루 헤아릴 수 없이 많은 변동성에 따라 요동칠 것입니다. 우리가 감히 예측할 수 있을까요? 그러니까 본인의 사이클에 맞춘 목표 수익률을 정하는 것이 가장 중요한 것입니다.

그렇다면 수익률은 얼마로 잡아야 할까요? 저는 워런 버핏의 위대함을 믿습니다. 단, 그 믿음은 연간 수익률에 대한 그분의

견해에 동의하는 것이지 그분처럼 투자할 돈도 없을뿐더러 그렇게 행동할 엄두조차 낼 수 없습니다. 저는 그분이 제시하는 수익률에만 관심을 가질 뿐입니다. 연간 20%의 수익률이라면 어떤 생각이 드시나요?

독자들에 따라서는 연간 20%의 수익률이 너무 낮은 것이 아니냐고 반문할 수도 있겠습니다.

"버핏처럼 몇십조를 굴리는 사람들이야 연간 20%도 어마어마하지만 우리 같은 개미들에게 20%라니? 그렇게 매일 같이 마음고생하면서 벌어들이는 수익이 고작 20%야?"

제가 다른 각도에서 예를 하나 들어보겠습니다. 제 사무실 1층에 KB 국민은행이 있습니다. 어느 날, 출근하다 보니 전철역에서부터 은행 1층 로비까지 무수히 많은 사람이 길게 줄을 서 있더라고요. 도대체 무슨 일인가 싶어서 밀치면서 은행 벽면에 붙은 광고를 봤는데 이렇게 쓰여 있더군요.

"특판 적금 한정 판매! 선착순 10만 명 한정! 3년 만기 적금 8%. 월 불입한도 제한 없음"

저는 어떤 행동을 했을까요? 부리나케 아내에게 전화합니다.

"여보! 적금 들어놨던 거 해지하고 빨리 국민은행 가서 적금 넣어요. 8% 준대. 아, 맞다. 언니한테도 좀 꾸고. 빨리 움직여! 선착순이래!"

저도 엘리베이터까지 걸어가는 동안 스마트폰으로 약관대출을 한도까지 신청합니다.

물론 가정입니다만 왜 이럴까요? 지금 시기에 이자를 8%나 준다고 하니 미치는 것이지요. 그것도 1년이 아니라 3년 만기입니다. 한도도 월 50만 원 이렇게 정해진 것도 아니라 한도가 없답니다. 그러나 요즘 시기에는 이런 일은 없습니다.

자, 그렇다면 주식은 얼마의 수익률을 보고 들어가시나요?

수익률 20%를 어떻게 봐야 할까요? 어느 정도 기간이 지나야 원금의 두 배가 될까요? 이럴 때 앞에서 언급한 '72 법칙'을 떠올리시면 됩니다. 72를 수익률 절댓값으로 나누면 투자 기간(연)이 나오겠죠? 예를 들어 연 4%짜리 수익률이면 18년 후에는 원금의 두 배가 된다는 것이죠. 1억을 연 4%짜리 수익률에 투자하면 18년이 지나면 2억이 된다는 것이죠. 18년이 길게 느껴지시나요? 아니면 연 4%가 적게 느껴지시나요?

'연 4%짜리에 투자할 거라면 안 하고 말지'라고 생각하신다면 수익률은 놔둔 채 살짝 기간만 바꿔보시면 어떨까요? 6개월에 4%라든지, 3개월에 4%라든지. 어떠세요? 감이 좀 잡히시나요?

이번에는 목표 금액에 대해 얘기해 보겠습니다.

주식투자로 1억 원을 버는 것이 목표라는 분이 계십니다. 이분은 성격도 화끈해서 1년 안에 목표를 달성하려고 합니다. 딱 1년 동안만 주식 거래로 이익을 남긴 후에는 절대 주식시장을 쳐다보지도 않겠다고 들어왔답니다.

과연 1년 후 이분은 목표 금액을 달성했을까요? 운이 좋다면 불과 한 달만으로도 목표 금액인 1억 원을 벌 수도 있을 것입니다. 하지만, 세상 이치가 그렇게 잘 돌아가기만 할까요? 10년이 걸릴 수도 있거니와 오히려 1억 원의 손실을 볼 수도 있을 거예요. 이런 접근 방법은 아무런 도움이 안 될뿐더러 판단에 혼란을 가져올 수도 있으니 조심하셔야 합니다.

투자자에 따라 다르겠지만 주식시장에서 1년 만에 끝내겠다라는 것은 호언장담일 수 있습니다. 손실을 볼 수도 있는 것이 주식시장입니다. 열심히 공부해서 자신만의 투자 방법과 노하우를 체득해야 하는 절대적인 시간이 필요한 시장입니다. 그러한 시간이 흘러야 비로소 나만의 패턴이 생겨나고 꾸준한 이익을 볼 수 있습니다. 수익률과 매칭하며 목표 금액이 자연스럽게 이뤄질 때까지는 기다리셔야 합니다.

우리의 최종 목표는 얼마나 시장수익률을 초과하느냐에 있습니다. 좀 올랐다고 팔거나, 내렸다고 팔아서는 시장수익률을 좇아가기에 급급합니다. 시장수익률보다 얼마를 초과해야 할까요? 20%가 정답은 아니죠. 아무리 주식을 열심히 공부하고 신중하게 종목을 선택했더라도 시장 상황에 따라서 어떤 종목은

10%의 수익률에도 매도해야 하는 경우가 생길 것이고, 두 배나 세 배 될 때까지 보유하는 종목도 생길 것입니다. 단 한 번의 매수와 매도로 끝날 일이 아니라고 말씀드렸습니다. 상승과 하락이 주기적으로 되풀이되거나, 혹은 생소한 패턴들이 갑자기 나타날 수 있는 곳이 주식시장입니다. 얼마의 수익률을 목표로 할지는 시장수익률을 얼마나 초과하길 원하는가에 대한 나만의 답인 것입니다.

② 왜 내가 투자를 하고 있는지 돌아봐야 합니다

"투자는 노후 준비 때문에 하시나요? 자녀 결혼 비용 마련을 위해서 하시나요? 아니면 그냥 돈 좀 벌려고 하시나요?"

제가 퇴직연금을 운용하는 투자종목별로 비교해 드리겠습니다. 주식은 개별종목과 ETF로 운영합니다. 개별종목은 위에서 말씀드렸듯이 종목 발굴이 중요합니다. 그저 돈 좀 벌고 싶거나 용돈 좀 벌려고 한다면 차라리 채권을 하십시오, 국채 또는 3개월마다 이자를 주는 회사채를 선택하는 것이 훨씬 속 편합니다.

뚜렷한 목적이 있어야 돈을 벌 수 있습니다.

최소 3~5년 동안의 투자 시간을 갖고 기다릴 줄 알아야 돈이 벌립니다. 3~5년을 기다렸는데도 목표 금액에 못 미치면 어떻게 하나요? 이것저것 사야 할 것도 있고, 해야 할 일도 생길 텐데요. 조바심이 생기겠죠. 그럴 때는 투자 의도에 충실하시기 바랍니다.

'돈을 왜 벌지? 뭐 하려고?'

20% 오르면 해외여행을 가야지, 5천만 원의 이익 나면 전기차를 하나 뽑아야겠다고 목표를 세웠다고 가정해보겠습니다. 목표한 만큼 달성한다면 아무런 문제가 없겠습니다만, 세상일이 바람대로 다 되지는 않죠. 목표한 만큼 이익이 안 난다면 목표 금액을 달성할 때까지는 주식을 팔지 말아야 할까요?

앞 장에서 말씀드린 '쏙'을 떠올려 보시기 바랍니다. 이 어려운 주식투자를 하겠다는 의미는 가족과 함께 행복해지려고 하는 것이지 나 혼자 잘 먹고 잘살려고 하는 것은 아니잖아요? 돈을 벌자고 하는 것은 쓰기 위함입니다. 번 돈은 잘 써야죠. 일단 우리 가족이 어떨 때 돈을 쓰니까 좋아했었는지를 기억해 보시기 바랍니다. 많은 돈이 들어가는 것만은 아닐 것입니다.

요즘 여행 프로그램이 많이 나오는데, 하와이 편 방송을 우연히 봤습니다. 5~6인승 정도 되는 헬리콥터를 타고 하와이 섬을 투어하는 것인데, 일반인들에게는 허용하지 않는 수백 미터가 넘는 폭포를 골짜기와 계곡 가까이 근접해서 보는데 절로 감탄이 나오더군요. 높지 않은 상공에서 바라다보는 바다의 색채도 그리 아름다울 수가 없었습니다. 원하면 창문도 반쯤 열어둔 채

운행한다니, 스릴이 대단하겠지요. 헬리콥터 투어 비용이 인당 52만 원이더군요. 5인 가족이면 250만 원입니다. 하와이 여행 가서 몇십 분 프로그램에 이같이 적잖은 돈을 쓰기는 쉽지 않겠죠. 하지만 '쓱' 해서 주식을 팔고 떠나면 가능합니다. 하와이를 몇 번이나 가보겠습니까? 이런 이벤트가 있을 때 주식 팔아서 쓰면 됩니다. 그러다 보면 돈을 더 벌고 싶어질 것이고 공부하지 않고서는 안 되겠지요.

③ 하락장에선 멘탈 관리가 필요합니다

주식은 카지노와 일맥상통한다고 말씀드렸습니다. 내가 따면 상대방이 잃는 구조입니다. 상대방이 어떤 생각을 하고 있느냐를 알면 따게 되어 있습니다. 상대방이 풀하우스를 잡았어도 내가 포커를 잡으면 이깁니다. 설사 내가 원페어밖에 없는데도 베팅을 세게 하면 운명이 달라질 수 있습니다. 상대방이 스트레이트를 잡고 있는데도 지레 겁이 나서 죽어버리면 패가 아주 낮은 내가 저절로 이기게 되는 것입니다.

하지만, 주식시장에서는 상대방의 상황이나 표정이 어떤지를 볼 수가 없습니다. 포커에서처럼 낮은 패를 갖고 있으면서도 허풍을 떨며 상대를 겁주는, 이른바 블러핑Bluffing을 한다고 해도 누구 하나 겁먹지 않습니다. 누가 무슨 이유로 사고파는지를 알수가 없죠. 당장 이자를 내야 해서 파는지, 대박 아이템 개발한 정보를 미리 알아서 사는지를 도통 알 수가 없기 때문에 자기 자신에 대한 멘탈 관리가 그만큼 중요하다고 할 것입니다.

주식시장에서 포커페이스를 유지할 수 있는 방법은 자신과의 싸움뿐입니다. 내가 가지고 있는 주식에 대한 확신이 있으면 승률이 올라가게 되어 있습니다. 지라시 같은 매체의 소문과 포털 사이트에 달린 댓글에 휘둘리지 않고, 오로지 실적과 비전만을 바라볼 수 있습니다.

사실 이게 말처럼 쉽지 않기 때문에 포커페이스를 유지하려면 일상생활 속에서 꾸준히 자신을 다스리는 방법밖에 없습니다. 제 방법을 하나 소개하자면 3% 이상 빠지는 날에는 단 1주라도 팔아봅니다. 반대로 3% 이상 오르는 날에는 1주라도 더 삽니다. 저와 정반대의 패턴으로 하셔도 되는데 이렇게 연습하다 보면 시야가 넓어지고 확실히 보인다는 것입니다. 해당 종목에 대해서 물타기를 해야 하는지, 아니면 추세에 따라 오를 때 더 사야 하는지에 대해서도 이해가 깊어집니다.

이런 말을 드리면 "아, 그거 추세추종전략 아냐? 손절매 포인트 애기하는 거지?"라고 되물어보시는 분들이 많은데 저는 추세추종전략을 잘 모릅니다. 많은 투자서를 읽다 보니까 세상에는 주식투자 전략이 많다는 사실을 알게 되었습니다. 저의 투자 유형도 여러 투자 전략 중 일부와 일치할 수도 있겠다라는 생각이 들었죠.

하지만 저는 오로지 기업의 체력만 보기 때문에 방금 얘기한 고高·저低 3% 선은 순전히 제 경험에 의한 것이라고 거듭 말씀드립니다. 그 수치가 5%일지, 10%일지는 투자하는 분의 경험과 판단에 따라 달라질 수 있겠죠.

이왕 말이 나온 김에 '추세추종전략'을 간단하게나마 공부해 봤더니 기업의 펀더멘탈이나 수급보다는 오로지 시장 가격에만 반응해서 투자한다는 뜻이었습니다. 손절매가 당연히 필요한 투자전략이며 흔히 알고 있는 "무릎에서 사서 어깨에서 팔아라"는 증시 격언이 여기에서 나온 말이라고 합니다. 그런데 어디가 무릎이고 어디가 어깨인지는 알 수 없는 노릇입니다.

저는 어떠한 정형화된 전략에 의해서 움직이는 구조가 아니라, 실전 경험을 통해서 체득한 저만의 방법을 말씀드리는 것이므로 독자들께서 알아서 판단하시면 되는데, 전문 트레이더가 아닌 이상 거래하는 종목이 소수라면 기업의 펀더멘탈을 우선으로 보셔야 한다는 원칙을 지키라고 권합니다.

내가 알고 내가 확신하는 기업에 대해서는 절대 흔들리지 말아야 한다는 것이 최종 멘탈 관리에 있어서 중요합니다. 어떤 전문가는 자신을 믿지 말고 시장을 믿으라고 하는 분도 계신데, 섣불리 혼자 판단하지 말라는 뜻으로만 받아들이시고, 결국 최종 판단과 결정도 본인이 하는 것입니다. 그러니만큼 정신 건강이 중요합니다.

남이 팔 때 사야 하는지, 같이 팔아야 하는지에 대해서 정답은 없습니다. 배우자가 팔 때가 살 시점이라는 우스갯소리도 있더군요. 거래량의 변동 폭이 얼마냐에 따라서 달리 판단할 수도 있겠지만 내가 계속 지켜봤고 거래해봤던 종목이라면 일희일비하지 않은 상태에서 중심을 잡고 관리할 수는 있을 것입니다.

시장 전체적으로 뉴스거리가 없는 상태라면 주식 창을 보지 않는 것도 좋은 방법이 될 수 있습니다. 시간대별로 들여다 봐야 오른다는 법칙도 없으므로 때로는 주식 창을 멀리하는 것이 멘탈 관리에 도움이 될 수 있다는 얘기인 것이죠.

정신 건강에 대해서는 인간의 신체 구조를 이해하면 훨씬 수월하게 관리할 수 있답니다. 그러자면 신경계가 어떻게 이루어졌는지를 이해해야 하는데, 신체 구조와 주식의 상관관계를 감히 말씀드려 보겠습니다.

정보를 전달하는 신경계는 크게 뇌에서 척수로 연결된 '중추신경계'와 이곳에서 온몸 구석구석으로 뻗어있는 '말초신경계'로 나뉩니다. 말초신경계는 다시 '체성신경계'와 '자율신경계'

로 나뉘죠. 체성신경계에는 통증 등을 느끼는 '감각신경', 뇌에서 손발의 근육을 움직이라는 지령을 전달하는 '운동신경'이 있습니다. 그리고 자율신경계에는 '교감신경'과 '부교감신경'이 있다고 합니다. 인간의 '뇌'가 얼마나 중요한지는 설명하지 않아도 잘 아실 것입니다. 우리 신체는 37조 개나 되는 세포로 이뤄져 있다고 합니다. 단위만 바꿔 37조 원이라고 생각해보면 그 규모가 좀 더 쉽게 와닿을지 모르겠네요. 우리 몸에는 세포가 셀 수 없을 정도로 많습니다. 이 세포의 에너지원은 충분한 영양분과 산소로부터 나옵니다. 영양분과 산소가 부족해지면 세포가 제대로 기능하지 못하고, 신체 각 기관에 이상 신호가 옵니다. 이 중 가장 중요한 기관이 '뇌'라는 겁니다. 영양분과 산소를 잘 전달하려면 혈액이 중요할 테니 피가 잘 돌아야 합니다.

　바로 이 혈액의 흐름을 관리하는 것이 자율신경계인데, 주식을 하는 사람이라면 다름 아닌 자율신경계를 바라보는 시각이 남달라야 합니다. 왜냐하면 그 모든 것이 다 마음먹기에 달려있기 때문입니다.

　"다 오르는데 내 것만 떨어져?"

　"이러다 깡통 되는 거 아냐?"

　분노와 불안으로 마음이 흐트러지면 자율신경계의 균형도 무너져 몸속에 피가 제대로 돌지 않게 됩니다. 피가 잘 돌아가지 않으면 몸의 여기저기에서 이상 신호가 나타나고 그런 현상이 지속되면 장애가 생기게 됩니다. 이런 기분이 들 때마다 이렇게 되뇌어보시기 바랍니다.

"아! 자율신경계! 피!"

신기하게도 자율신경계는 심장을 움직여 혈액을 온몸으로 보내는 것부터 호흡, 영양소 흡수, 체온 조절 등을 스스로 합니다. 더울 때 우리의 생각이나 의지와 관계없이 저절로 땀이 흘러내리는 것을 상상해 보시면 자율신경계를 이해하는 데 도움이 될 것입니다. 이처럼 자율신경계는 우리가 깨어 있을 때도, 자고 있을 때도 우리 몸의 기능을 유지하기 위해 24시간 일하고 있는 것입니다.

이 자율신경계를 역설적으로 제어할 수도 있다고 하는데, 평상시에 먹고 자는 생활 습관을 좋게 만들고 꾸준한 운동을 하면서 마지막으로 멘탈을 관리하면 어느 정도는 가능하다고 합니다. 이미 발생한 분노와 불안감을 막을 수는 없지만, 지속 기간은 훈련을 통해 조절할 수 있다고 하는 것처럼 주식 역시 멘탈 관리가 중요합니다.

빚내서 주식에 투자하지 않는 월급쟁이라면 하락장세에서 충분히 버틸 수 있습니다. 매달 월급은 들어오니 먹고사는 데에 문제는 없습니다. 당장 먹고사는 데 문제가 없다면 기다릴 수 있는 것입니다. 다 오르는데 내 것만 떨어져도 재무가 튼튼하고 영업 이익이 발생하는 기업이라면 언젠가는 오를 것이고, 이리저리 갈아타지만 않는다면 절대 깡통 차는 일은 없을 것입니다.

불안한 마음이 편안한 상태로, 분노가 사랑으로 바뀌려면 부단히 훈련해야 합니다. 안 좋을 때만 마음 관리가 필요한 것은 아닙니다. 주식이 올랐다고 가는 곳마다 한턱내는 등 돈 씀씀이가 지나치거나 자만해서는 안 될 것입니다. 그런 상황이 올 때 필요한 마음가짐은 침착, 절제, 절약, 겸손입니다.

이렇게 멘탈 관리를 했더니 어떤 긍정적인 변화가 생길까요?

뇌가 활성화되니 머리가 맑아져서 판단의 오류가 적어질 테고, 장 기능이 좋아지니 피부에 윤기도 흐르고 변비도 없어질 것입니다, 또한 간 기능 역시 좋아져서 쉽게 피로하지 않을 테니 돈 벌 확률은 커질 것입니다. 주식을 한방에 돈 벌 수 있는 도구로만 생각하지 않는다면, 특히 우리나라에서 주식투자는 인생의 곡선만큼이나 드라마틱 하기 때문에 일희일비하지만 않으면 성공할 수 있습니다.

멘탈이 좋다는 말이 강철 멘탈을 얘기하는 것만은 아닐 것입니다. 강철 멘탈이라는 것도 사실은 절대 찌그러지지 않는 멘탈을 얘기하는 것이 아닙니다. 용수철처럼 쭈그러지고 펴지기를 반복하는 유연한 멘탈을 얘기하는 것일 테니까요. 사람이라는 존재가 완벽하지 않으니만큼 유혹에도 넘어가고 남의 말에도 흔들릴 수 있게 되어 있습니다. 이제 막 걸음마를 배우는 아이를 부모는 어떠한 자세로 대합니까? 우리 애가 넘어질 때 곧바로 가서 일으켜 세우고 싶지만 그렇게 하지 않습니다. 혼자 일어서라고, 그리고 한 걸음만 더 걸어보라고 응원하면서 지켜봅니다. 그리고선 혼자 툭툭 치고 일어나서 걸으면 그때 달려가서 와락 껴안아 주죠. 다시는 넘어지지 말라고 손뼉 치면서 안아주는 것이 아니라 앞으로 계속 넘어질 일이 생길 텐데 그럴 때마다 혼자 일어서서 걸어가라는 뜻입니다.

주식에 투자하며 어떻게 계속 이익만 낼 수 있겠습니까? 오히려 이익을 보는 날보다 손실을 보는 날이 더 많을지도 모르겠습니다. 그럴 때마다 어떤 포지션을 취해야 할까요? 주식투자는 마라톤보다도 긴 레이스라 할 수 있습니다. 마라톤이라는 이름의 레이스는 코스와 길이가 정해져 있지만 주식이라는 이름의 레이스는 종착지도 방향도 알 수 없습니다. 그런 만큼 주식 투자할 때는 유연해져야 합니다. 하루하루의 주식 등락에 일희일비一喜一悲하지 말고 긴 호흡으로 마음을 다져나가며 대응해야 이길 확률이 높습니다.

6

세금에 관하여

근로소득세 인하에 대한 제안

세금을 대하는 자세에 대해서 한번 생각해볼까요?

저는 다른 세금에 대해서는 불평 없이 내는 것이 당연한 거 아니냐고 얘기합니다. 하지만 근로소득세에 대해서는 한마디 해야 하겠습니다. 월급쟁이로 30년 넘게 근로소득세를 빠짐없이 내고 있습니다. 월급날 자동으로 빠져나가는 구조이므로 덜 내고 더 내고 할 문제도 아닙니다. 이것만큼은 우리나라가 아주 정확합니다.

저보다 몇 배를 넘게 버는 사업가 친구들이 종합소득세는 오히려 적게 낸다는 사실을 알게 되었습니다. 그 후로는 억울한 마음에 조세 형평에 어긋난다며 조세 정의를 운운하기도 했죠.

하지만 현재 상황에서는 머리를 아무리 굴려봐도 근로소득세를 덜 내는 방법을 찾을 수 없습니다. 매달 꼬박꼬박 나라 살림살이에 보탬을 주고 있으니 내가 진정한 애국자라며 자긍심으로 여기려 해봐도 여전히 불편합니다.

직장 동료나 친구들이 걱정하는 증여세, 상속세 등 세금 대부분은 저에겐 해당 사항이 없습니다. 사실 그 친구들 역시 태반이 해당 사항이 없는데도 말만 하는 경우입니다. 증여세, 상속세 중 그 어느 하나라도 한도만큼 줄 돈이 없기 때문이죠. 빈말이 아니라 진짜 세금 많이 내는 날이 왔으면 좋겠습니다.

이왕 말이 나왔으니까 저를 포함한 월급쟁이들이 근로소득세에 대해 왜 억울해 하는지 나름대로 근거를 제시해 보겠습니다. 어느 조간신문의 전문가 칼럼이 눈에 띄더군요.

(…)

2023년 국가가 징수한 세금, 즉 국세는 344조 1,000억 원이었다. 국세 가운데 가장 큰 비율을 차지하는 것은 33.7%를 차지하는 소득세로서 115조 6,000억이며, 그다음으로는 법인세(80조 4,000억 원 23.4%), 부가가치세(73조 8,000억 원 21.4%)의 순이다. 이 3가지 세목을 합하면 전체 국세의 78.5%에 이른다. 명실상부한 세금의 '빅 3'라고 할 수 있다. 10년 전에는 부가가치세가 가장 큰 비율을 차지하고 소득세와 법인세가 2, 3위였는데 2015년 이후 소득세가 급증하면서 계속 1위를 차지하고 있다. 10년 동안 소득세가 142% 증가하는 동안 법인세는 83%, 부가세는 32% 증가했다.

(…)

소득세 가운데 가장 큰 비율을 차지하는 것은 월급쟁이로부터 징수하는 근로소득세다. 2013년 22조 4,000억 원 규모이던 근로소득세는 2023년 62조 원으로 크게 증가했다. 10년 동안 전체 소득세가 142% 증가하는 동안 근로소득세는 176% 증가하면서 더 빠르게 늘어난 것이다.

(…)

출처: 최준영 법무법인 율촌 전문위원. "르포 대한민국-1위 소득세, 3위 부가세… '세금 빅3' 비율 바뀌었다". 조선일보(2024. 7. 1.), A33면 오피니언

제가 이 칼럼에서 주목하는 것은 통계수치로 보여준 국세의 비율입니다. 소득세가 법인세보다 10%포인트만큼 높은 부동의 1위라는 점입니다. 그만큼 소득세가 나라 살림을 지탱해주고 있는 1등 공신이라는 것이지요. 그렇다면 소득세는 어떤 취급을 받고 있을까요?

법인세의 경우 기업의 경쟁력을 높이기 위해서 세율을 낮춰줘야 한다는 기사도 접해봤고, 실제로 몇 차례 조정이 이루어지기도 했습니다. 하지만 근로소득세를 줄여서 월급쟁이의 근로 의욕을 진작시키자는 신문기사나 실제로 근로소득세율이 조정된

사례는 아직까지 보지 못한 것 같습니다. 오히려 2012년부터는 과세표준 구간이 추가되면서 근로소득세율이 올랐던 기억밖에 없습니다. 법인세 인하를 통해 기업의 경쟁력을 극대화하면 이익이 많이 발생해 법인세가 자연스럽게 더 걷힌다는 선순환의 개념이 왜 근로소득세에는 적용이 되지 않는지 모르겠습니다. 같은 논리로 근로소득세의 세율을 줄여주면 근로 의욕이 높아져 생산성이 향상되고 그 효과가 내수 활성화와 기업 이익 극대화로 이어져 월급이 올라갈 테고 그러면 근로소득에 대한 세금도 더 걷힐 텐데 말이죠.

월급쟁이들이 무조건 법인세 인하를 반대하는 것이 아닙니다. 법인세 인하가 필요하다는 이유와 논리라면 당연히 근로소득세율 조정도 같이 논의되어야 한다는 것입니다. 모든 구간에서 줄여달라는 것이 아니라 일부 구간에서만이라도 세율 조정이 된다면 파급효과가 클 수 있다고 얘기하고 싶은 것입니다. 왜 "월급쟁이만 봉이냐, 호구냐"는 말이 나오는지, 그런 인식의 배경에는 무엇이 있는지 세금을 공제한 소득, 즉 세후소득을 통해서 설명해보겠습니다.

<표 14>에서 보듯이 종합소득세율이나 근로소득세율이나 과세표준은 동일합니다. 이 말은 개인사업 하는 분의 과표와 일반 월급쟁이의 과표가 같다는 뜻이며, 과표 구간별 세율도 동일

하다는 뜻입니다.

<표 14> 근로소득세 과세표준

과세표준	세율	누진 공제
1,400만 원 이하	6%	–
1,400만 원 초과 ~ 5,000만 원 이하	15%	1,260,000원
5,000만 원 초과 ~ 8,800만 원 이하	24%	5,760,000원
8,800만 원 초과 ~ 15,000만 원 이하	35%	15,440,000원
15,000만 원 초과 ~ 3억 원 이하	38%	19,940,000원
3억 원 초과 ~ 5억 원 이하	40%	25,940,000원
5억 원 초과 ~ 10억 원 이하	42%	35,940,000원
10억 원 초과	45%	65,940,000원

과세표준 구간만 봐도 법인세 최대 세율인 24%와 비교했을 때 근로소득세의 세율이 훨씬 높다는 것을 알 수 있습니다. 최대 세율만 높은 것이 아니라 5천만 원 초과 구간부터 24%의 세율이 적용됨에 따라 법인세 최대 세율과 같습니다.

그렇다면 4인 가족 월급쟁이의 세후소득을 한번 계산해볼까요? 먼저, 연봉 6천만 원을 받는 월급쟁이를 기준으로 보겠습니다. 세전 월 5백만 원입니다. 소득세 22만 원을 원천징수하고 고용보험료, 건강보험료, 노인장기요양보험료, 국민연금을 합쳐서 47만 원을 추가로 공제했더니 세후 월 431만 원이 됩니다. 다른 항목으로 공제한 것은 일단 제외한 수치입니다.

빈털터리 월급쟁이의 터닝 포인트

노조 회비, 취미반 경비 등 다른 항목으로 공제한 것은 일단 제외한 수치입니다. 그렇다고 연말정산으로 되돌려 받는 것이 많으면 모를까 그렇지도 않습니다.

연봉이 뛰어서 8천만 원이 되었습니다. 월급으로는 세전 667만 원입니다. 소득세 46만 원을 원천징수하고 고용보험료, 건강보험료, 노인장기요양보험료, 국민연금을 합쳐서 60만 원을 추가로 공제했더니 세후 월 561만 원을 받는군요. 연봉이 오르다 보면 건강보험료와 노인장기요양보험료 추징으로 몇 달 동안은 이전과 비교하면 월 수령액이 적을 수 있습니다. 연봉이 2천만 원이나 올랐지만, 세금도 덩달아서 올랐고 애들이 커가면서 학원비가 월급 오르는 것보다 많이 나갔습니다. 연봉 6천만 원과 비교했을 때보다 살림살이가 더 팍팍해진 느낌입니다. 월 5백만 원으로는 저처럼 다섯 식구가 먹고살기에는 빠듯할 수밖에 없습니다.

드디어 꿈에 그리던 연봉 1억 원이 되면 먹고살 만한지 보겠습니다. 세전 월 833만 원입니다. 소득세 81만 원을 원천징수하고 고용보험료, 건강보험료, 노인장기요양보험료, 국민연금을 합쳐서 69만 원을 추가로 공제했더니 세후 월 683만 원을 받는군요.

연봉이 6천만 원에서 1억 원까지 오르려면 얼마의 시간이 흘러야 할까요? 퇴직할 때까지도 연봉이 1억 원 될 수 있을지는 모

세금에 관하여

르겠지만 연봉이 4천만 원이 늘어나는 데 반해 실제 세후 월 수령액은 250만 원 정도만 늘었습니다. 그 사이에 애들은 크고 물가도 많이 올랐겠죠. 이래저래 팍팍한 삶의 연속입니다.

위의 사례를 차치하더라도 저의 경우는 임금피크제가 적용되면서 연봉이 10% 깎이니 그다음 해에 건강보험료와 노인장기요양보험료를 환급해주더군요. 세금을 돌려받아서 좋다고 웃어야 할지 말아야 할지 기분이 묘했습니다.

고액 연봉을 받지 않는 한 대한민국 월급쟁이들의 삶은 녹록하지 않습니다. 월급을 받으면 아파트 관리비를 내고 대출 원금과 이자를 갚습니다. 자동차 보험료를 포함한 각종 보험료를 내고 생활비, 학원비, 경조사비 등을 지출합니다. 그러고 나면 적금에 가입할 수 있는 여윳돈이 있으려나 모르겠습니다.

나이까지 들어가면 연봉이 깎이고 수입이 줄어들어 경제적인 측면에서 플러스 효과를 기대하기 어려워집니다. 대학을 졸업만 시키면 제 앞가림은 제가 알아서 할 것이라고 믿어 의심치 않았던 자녀가 중소기업은커녕 아르바이트 인생을 살아가고 있다면 부모도 속앓이를 하게 될 것입니다.

말이 나온 김에 월급쟁이가 내는 소득세율을 합리적으로 조정해봐야 하는 이유는 저출생 대책과도 관련이 있습니다. 저출생 대책이 한 가지만 바꿔서 될 일은 아니지만 기본적인 마인드 자체만 바꿀 수 있는 계기가 주어진다면 효과적일 수 있는 것이죠. 그중 하나가 월급의 실수령액을 현실화하는 것입니다. 그만큼 매월 돌아가는 현금 흐름이 생활의 패턴과 마인드를 좌우한다는 것입니다.

제 제안은 이렇습니다. 근로소득세 모든 구간에서 세율을 줄이자는 것이 아닙니다. 1억 5천만 원까지의 구간에 대해서만 과세표준 세율을 일정 정도 비율대로 줄이되, 나머지 구간은 현행대로 유지하거나 올리자는 것입니다. 왜 1억 5천만 원까지의 구간이냐? 극소수의 대기업을 제외한 일반적인 월급쟁이가 1억 5천만 원을 넘는 과세표준 구간에 해당하지 않기도 하지만 법인세 최대 세율인 24%와도 비교해볼 필요가 있기 때문입니다. (참고로 법인세율은 과세표준이 2억 원 이하일 경우 9%이고 이후 구간별로 증가하다 과세표준이 3천억 원을 초과하면 24%가 됩니다.)

과세표준이 1,400만 원을 넘을 때부터 세율이 15%로 훌쩍 뜁니다. 과세표준이 1,400만 원 이하의 경우가 6%인데 갑자기 두 배가 훨씬 넘는 15%로 뛰어버리니 다음 세율 구간인 8,800만 원 이하도 덩달아 24%로, 그다음 구간인 1억 5천만 원 이하 세율도 35%로 뜁니다. 저는 과세표준이 1,400만 원 초과 시부터 세율 조정이 있어야 한다고 봅니다. 과학적인 시뮬레이션에 근거하지 않은 것이어서 다소 무리가 있을 수 있다고 생각하면서도 세율의 구간별 적용 값을 비례해서 올리는 산술적인 계산으로 적용했더니 어느 정도 합리적이라는 생각이 드는 것도 사실입니다.

<표 15> 수정 제안하는 근로소득세율

과세표준	세율	누진 공제
1,400만 원 이하	6%	–
1,400만 원 초과 ~ 5,000만 원 이하	10.5%	630,000원
5,000만 원 초과 ~ 8,800만 원 이하	19%	4,888,000원
8,800만 원 초과 ~ 15,000만 원 이하	28%	12,800,000원
15,000만 원 초과 ~ 3억 원 이하	38%	27,800,000원
3억 원 초과 ~ 5억 원 이하	40%	33,800,000원
5억 원 초과 ~ 10억 원 이하	42%	43,800,000원
10억 원 초과	45%	73,800,000원

주민세를 제외하면 현행 1억 5천만 원까지의 과세표준 구간별 세율은 6% → 15% → 24% → 35%입니다. 과세표준 적용구간별 세율 차이를 구간별로 절반 값만 적용하자는 얘기죠. 6%와 15%의 갭은 9%포인트입니다. 절반 값인 4.5%포인트만 올리면 6% 다음 구간은 10.5%가 되는 식입니다. 그렇게 계산하면 과세표준 1억 5천만 원 이하까지의 구간별 세율은 6% → 10.5% → 19% → 28%의 순서로 세율이 정해질 것입니다. (주민세를 포함하면 6.6% → 11.55% → 20.9% → 30.8%가 됩니다.) 수정한 과세율이 어떠한가요?

빈털터리 월급쟁이의 터닝 포인트

과학적으로 접근하지는 않았지만 좀 더 합리적으로 보이지 않으세요?

감이 잘 안 온다면 <표 16>처럼 실제 세금이 어떻게 차이가 나는지를 포함해서 보도록 하겠습니다.

<표 16> 세율 조정에 따른 근로소득세 전·후 비교

과세표준	세율		근로소득세	
	현재	수정	현재	수정
1,400만 원 이하	6%	6%		
1,400만 원 초과 ~ 5,000만 원 이하	15%	10.5%	6,240,000	4,620,000
5,000만 원 초과 ~ 8,800만 원 이하	24%	19%	15,360,000	11,840,000
8,800만 원 초과 ~ 15,000만 원 이하	35%	28%	37,060,000	29,200,000
15,000만 원 초과 ~ 3억 원 이하	38%	38%	76,940,000	84,800,000
3억 원 초과 ~ 5억 원 이하	40%	40%	123,060,000	115,200,000
5억 원 초과 ~ 10억 원 이하	42%	42%	296,000,000	304,800,000
10억 원 초과	45%	45%		

※ 위 근로소득세는 과세표준 금액이 5,000만 원, 8,800만 원, 1억 5,000만 원, 3억 원, 5억 원, 10억 원의 경우 현재 세율과 수정 세율을 각각 적용 시 각각 얼마만큼 차이가 나는지를 비교한 것입니다.

1억 5천만 원까지의 구간에서만 세율 폭을 수정했는데, 모든 구간에서 세금이 줄어드는 것은 아니네요. 오히려 3억 원과 10억 원의 경우 세금이 늘어나는 현상을 볼 수 있습니다. 이 얘기는 현재의 세율이 고소득 구간으로 갈수록 인상 폭이 크지 않았음을 역설적으로 반증하는 것이라고 볼 수 있겠습니다.

특히, 현재 1억 5천만 원 이하는 과세표준 구간을 뛰어넘을 때마다 9% 또는 11% 상승합니다. 대부분의 월급쟁이들이 소득이 조금 올라갈 만하면 세금을 더 많이 내는 구조라는 뜻이기도 합니다.

제가 월급쟁이라서 근로소득세를 얘기하는데, 자영업자라고 뭐가 다르겠습니까? 자영업자도 월급쟁이와 똑같은 구간의 과세표준과 세율을 적용받습니다. 편의점 하는 친구가 있는데, 뉴스에서 나오는 것처럼 최저임금을 반대하는 게 아니랍니다. 임대료를 현실화해주면 좋겠다는 바람과 함께 세금을 너무 많이 떼 간다는 불만 섞인 이야기였습니다. 편의점 사장님이 평균적으로 한 달에 돈 천만 원 이상을 가져가겠습니까? 1억 5천만 원 이하의 구간에 대한 세율 조정은 어떤 경우에든 필요해 보입니다.

세후소득이 증가하면 어떤 일이 벌어질까요? 한 달에 50만 원 정도 실수령액이 올라가도 숨통이 좀 트이지 않을까요? 집 사기 전에는 집 사려고 적금을 든다지만, 집 사고 난 후에는 이자와 원금 갚느라 한 달에 50만 원도 적금을 못 드는 게 현실이니까요. 생활의 질이 좋아지면 미래에 대한 준비도 생각할 수 있지 않을까요? 조금 먹고살 만하면 결혼도 하고 싶을 것이고, 토끼 같은 자녀도 여러 명 낳고 싶을 것입니다.

세수가 부족하다고 판단된다면 1억 5천만 원 초과 과세표준 구간부터는 현행대로 38%의 세율을 그대로 적용하면서 동시에 세율 구간도 2~3개 추가해 세율 폭을 넓히면 세율을 줄인 구간 으로 인한 세수 부족을 메우는 대안이 될 수도 있다고 봅니다. 독자님들 생각은 어떠신지요?

자녀를 낳을 수 있는 환경 조성을 위해서라도 일단 마인드 변화 를 가져올 수 있는 제도와 조치가 뒤따라야 할 것으로 보입니다.

매월 사용할 수 있는 가용금액이 늘어난다면 미래에 대한 준 비도 가능하리라는 생각이 들 것입니다. 연봉이 올라도 삶이 나 아지지 않는다고 생각한다면 미래를 누가 준비하겠습니까? 나 혼자 먹고살기도 힘드니 결혼 생각을 하지 않을 것이고, 외벌이 부부라면 부담되어서라도 애를 낳으려 하지 않겠지요. 맞벌이 부부도 비슷할 것입니다.

이렇듯 근로소득세 개선은 월급쟁이들의 생활뿐만이 아니라 인구 소멸과도 연결되는 중요한 사안입니다. 좋은 정책의 답은 현장에 있습니다. 탁상공론이 아닌 실질적 해결 방안을 담은 정 책이 나오길 기대합니다.

연금소득세

쥐꼬리만 한 이자에다가 연금 탈 때 세금까지 내야 한다는 이유로 개인연금을 안 든다는 친구가 꽤 있습니다. 제가 물어봅니다.

"그러면 연금 가입하지 않은 돈으로 뭐했니?"

특별히 한 게 없답니다. 연간 세액 공제를 최소 13.2% 정도 받고 세금은 나중에 최대 5.5%만 냅니다. 그런 입·출금 계좌는 무조건 가입자에게 유리한 구조입니다. 가입 안 할 이유가 없습니다. 얼마를 불입해야 되는지의 금액과 기간(납입 기간, 연금 개시 전후 기간)이 문제일 뿐이죠.

연금소득세는 개인연금(IRP 포함)과 퇴직연금이 과세 대상입니다. 세액 공제를 받은 금액과 운용수익이 연간 1,500만 원을 넘으면 분리과세와 종합과세 중에서 하나를 선택해 세금을 내야 합니다. 연 1,500만 원이면 매달 125만 원의 연금을 받는 셈입니다. 연금 수령 기간 등을 조정하면 연 1,500만 원을 초과하지 않는 방법을 찾을 수도 있으니 그리 걱정할 필요는 없습니다. 종합과세를 선택했더라도 무조건 불리하지는 않습니다.

철수가 얘기했던 연금 수령액의 마술을 잠깐 떠올려 보겠습니다. 퇴직연금의 인출 순서가 퇴직 적립금을 먼저 소진한 후에야 운용수익을 인출한다고 했잖아요? 개인연금도 마찬가지로 연금계좌 납입액부터 인출된 후 세액 공제받은 것과 운용수익이 인출됩니다. 그런데 월급쟁이 대부분은 세액 공제 한도 이하로 납입했을 테니까 실제 연금 수령액에서 운용수익이 얼마나 차지할지는 모르겠지만 연 1,500만 원을 넘기기는 쉽지 않을 것입니다.

문제는 퇴직연금의 운용수익과 합쳐질 때입니다. 이 시기에는 세금 문제가 생길 수 있으므로 연금 지급 기간 조정과 함께 해가 바뀌는 시점인 12월과 1월의 연금 액수 조정을 염두에 두시길 바랍니다.

부연하자면, 대부분은 퇴직 적립금이 개인연금의 적립금보다는 많을 것이므로 개인연금을 퇴직연금과 동시에 개시한다고 해도 개인연금 세액 공제 부분과 운용수익이 연금소득으로 잡힐 것입니다. 따라서 만약을 대비해서라도 개인연금의 IRP 계좌와 퇴직연금의 IRP 계좌를 분리해둔 후 동시에 연금을 개시하면 불필요한 걱정은 안 해도 됩니다. 퇴직연금과 개인연금 모두 연금 개시 이후만 조심하면 됩니다.

연금 개시 이후에 목돈이 필요할 경우 해지하지 않고도 처리하는 방법을 제시해드렸으니 개인의 사정이나 필요에 따라 적절하게 조치하시면 되겠습니다. 어쩔 수 없이 해지해야 할 경우에도 해당 금융기관으로부터 충분한 설명을 듣고 나서 판단하시기 바랍니다. 그렇게 해도 늦지 않습니다.

건강보험료

은퇴한 선배와의 모임에서 빠짐없이 나오는 주제가 건강보험료에 관한 얘기입니다. 경수 선배는 어떻게 하면 건강보험료를 안 낼 수 있는지 노하우 전파에 여념이 없습니다. 얘기를 듣던 만수는 자기는 어떻게 해야 하느냐면서 선배 옆에 착 달라붙습니다. 다른 후배는 꼼짝없이 내야 한다면서 걱정부터 합니다.

은퇴하면 벌이가 없을 테니까 직장 다니는 자녀 밑으로 달면 그만인데 웬 걱정일까요? 얘기를 듣다 보면 그게 단순한 것만은 아니더군요. 벌이가 없다고 소득이 꼭 월급만은 아니더라는 것이고 재산이 얼마냐에 따라서도 자녀 밑으로 달 수 있는지가 결정된다는 의미였습니다. 저는 재산이라고 해봐야 달랑 아파트

한 채 밖에 없으니 문제가 된다면 국민연금인데, 실제 걱정할 수준인가 싶어서 다음 날 건강보험공단을 찾아갔습니다. 자녀 밑으로 달려면 피부양자 자격이 되어야 합니다. 자격이 되지 않으면 지역가입자로 건강보험료를 내야 합니다.

쉽게 말해 건강보험 피부양자 자격상실 조건은 <표 17>에서 보듯이 크게 여섯 가지입니다.

재산과 소득이 일정 기준을 초과하면 자녀 밑으로 달지 못한다는 얘기입니다. 재산은 주택, 건물, 토지, 선박, 항공기 등을 포함하며, 소득은 종합소득(이자, 배당, 사업, 근로, 연금, 기타 소득)을 말합니다. 연금소득은 국민연금, 공무원연금, 사학연금, 군인연금 등 공적 연금만 해당하므로 개인연금과 퇴직연금은 포함되지 않습니다.

<표 17> 피부양자 자격상실 기준

1. 재산: 재산세 과세표준 9억 원 초과
2. 재산 & 소득: 재산세 과세표준 5억4천만 원 초과 & 종합소득 1천만 원 초과
3. 종합소득 2천만 원 초과
4. 사업자등록증 있을 경우: 사업소득금액(비용을 뺀 순소득) 발생
5. 사업자등록증 없을 경우: 사업소득금액(비용을 뺀 순소득) 500만 원 초과
6. 주택임대소득 발생

제 기준으로 보겠습니다.

재산의 경우 경기도에 아파트 한 채만 있다고 했잖아요? 게다가 과세표준은 시가市價나 공시가격이 아닙니다. 공시가격의 60% 수준이라는데 계산해볼 필요도 없이 매년 납입하라고 나오는 재산세 고지서에 있는 그 과세표준 금액입니다. 매매가 20억의 경우에도 과세표준 금액은 9억 원을 넘지 않는다고 합니다. 일단 재산 항목에서는 패스입니다.

그다음은 소득인데, 국민연금이 걸리네요. 은퇴한 선배나 은퇴 언저리에 있는 분들이 나름 걱정하는 것이 이 항목이기 때문에 그렇겠다는 생각은 듭니다. 연 2천만 원을 넘으려면 월 167만 원 이상이어야 하는데, 솔직히 이 경우는 그냥 지역가입자로 건강보험료를 내는 수밖에 없지 않나 싶습니다. 건강보험료가 무서워서 국민연금을 조기 수령하는 것은 바람직해 보이지 않거든요. 그런 판단의 근거는 건강보험료의 수준 때문입니다.

만우의 예를 들어 설명해보겠습니다.

원칙적인 건강보험료 계산 방법은 이렇습니다.

국민건강보험법 제69조 제5항을 근거로 지역가입자의 월별 보험료액은 세대 단위로 산정하며, 소득(지역가입자의 소득월액 × 보험료율) + 재산(재산보험료 부과점수 재산보험료 × 부과점수당 금액)으로 계산합니다.

지역가입자의 보험료율은 1만분의 709로 합니다. 재산보험료 부과점수는 이자, 배당, 사업, 기타소득에 대해서는 100% 적용되며, 연금소득은 50%만 적용되어 합산하여 산정합니다. 재산보험료 부과점수당 금액은 208.4원으로 합니다. 월별 보험료액의 상한은 4,240,710원이고 하한액은 19,780원입니다.

재산기준 및 재산 금액에 따른 점수 구분을 확인해야 되는데, 재산 금액에 따른 점수는 총 60등급으로 구분되어 있습니다.

(2024년 6월 15일 기준 작성)

여기까지만 읽어도 머리가 하얘지죠? 건강보험료를 수작업으로 할 수는 없는 노릇입니다. 퇴직소득세 계산기처럼 건강보험료 계산기를 활용해야겠습니다. 건강보험공단 홈페이지 또는 앱을 통해서 모의 계산을 할 수 있는데, 앱을 통한 방법을 소개해 드리겠습니다. 건강보험공단 앱의 제목은 'The 건강보험'입니다. 전체메뉴 → 조회 → 보험료 모의계산하기 → 지역보험료 모의계산하기에서 소득금액과 재산금액을 입력하면 예상 보험료가 산출됩니다.

만우는 예상 국민연금이 월 200만 원, 매매가 10억 원을 오르내리는 아파트가 있습니다. 만우네 아파트는 10억 원을 호가하지만, 재산세에 나온 과세표준은 3억 원이 채 안 잡히더랍니다.

그냥 3억 원으로 카운트하겠습니다. 소득금액에 2,400만 원, 재산 금액에 3억 원을 입력한 후 계산하기를 눌렀더니 예상 지역 보험료가 218,010원이 나왔습니다.

21만 원? 느낌이 어떠세요? 다른 소득 없이 오로지 국민연금만 있다면 건강보험료는 부담도 되고 많이 아까울 것 같습니다. 만우는 건강보험료 21만 원이 아깝고 억울해서 국민연금을 4년 앞당겨서 받는 것으로 계산해봤습니다. 그랬더니 월 160만 원 밑으로 떨어졌습니다. 그런데 잠시 생각해보니 국민연금이라는 것이 매년 물가상승률만큼 인상되는 형태라 10년 정도 지나면 금세 200만 원 수준으로 올라가더라는 것입니다. 일부러 국민연금을 줄여서 받았는데, 언젠가는 또 건강보험료를 내야 합니다. 결국 만우는 국민연금을 정해진 때에 제대로 받고 건강보험료도 미루지 않고 내기로 결정합니다. 그러면서 만우는 미소 띤 얼굴로 말합니다.

"뭐 엄청나게 내는 줄 알았는데 그렇지 않더구먼. 하여간 경수 형 허풍은 알아줘야 한다니까. 그리고 말이야 너도 마찬가지로 월급쟁이 시절에 월급 중에서 가장 많이 떼 간 것이 근로소득세 다음으로 뭐겠어? 바로 건강보험료잖아. 얼마 냈었는지 기억해봐. 회사가 건강보험료를 절반이나 내줬음에도 많이 냈었단 말이지. 내가 지역가입자로 낼 보험료랑 비교해봐도 많이 냈었는데, 뭐 이 정도 수준이라면 감내 못 할 것도 아니잖아?"

환한 미소 너머로 살짝 억울한 표정이 비치기도 합니다. 하지만 뾰족한 수가 없습니다. 건강보험료를 내지 않는 방법이 있다면 얼마나 좋겠습니까? 보험료가 많고 적음의 문제가 아니라 사실은 억울하니까 아까운 것이겠지요. 월급쟁이로 살면서 낼 세금, 안 낼 세금 다 냈는데 또 떼 가냐라는 느낌일 테니까요.

"대한민국에서는 확실한 두 가지가 있습니다. 하나는 인간은 언젠가는 죽는다는 것이고, 또 하나는 세금을 내야 한다는 것입니다."

오래전 모 국세청장이 취임사 때 한 말이라고 합니다.

만우 얘기처럼 국민연금을 200만 원이나 받는데 21만 원이 대수냐면서 감내할만한 수준이라고 받아들이면 마음 건강에도 좋을 듯싶습니다.

이자소득세, 배당소득세

    종합소득세는 이자소득, 배당소득, 사업소득, 근로소득, 연금소득, 기타소득을 합쳐서 매깁니다. 월급쟁이는 이 중에서 근로소득세만 잘 내면 종합소득세는 크게 걱정할 이유가 없습니다.

    종합소득세에서 우리에게 민감한 것이 연금소득세입니다. 앞에서 여러 가지 절세 방법을 안내해 드렸습니다. 월급쟁이는 사업자가 아니므로 사업소득세는 해당 사항이 없고, 남은 것은 이자와 배당소득인데, 2천만 원이 넘어가면 해당됩니다. 혹시 현금 5억 원이 있으신지요? 현금 5억 원을 4%짜리 금융상품에 맡겨야 이자가 2천만 원입니다. 현금 5억 원이 없는 분들은 걱정 안 해도 됩니다.

실제로 걱정이라면 내가 산 주식이 주가만 오르는 게 아니라 배당까지 많이 줘서 행여나 배당소득으로 1년에 2천만 원이 넘을 경우일 텐데, 이것 또한 걱정거리인지 잘 모르겠습니다. 제가 배당소득을 그렇게 받아본 적이 없어서 2천만 원 넘게 받아본 분들께 결례일지는 모르겠지만 그런 세금은 많이 내도 되니까 한 번쯤 그래 봤으면 좋겠습니다.

미국 주식시장에서 이익이 나면 세금을 내야 하는 게 싫어서 국내 주식만 거래하는 분이 있다고 하죠. 그리고 실제 배당소득이 2천만 원을 넘더라도 종합소득세에서 이것저것 공제받은 후에 세율을 곱하면 정작 내야 할 세금이 의외로 많지 않을 때도 있다고 합니다. 1년에 2,000만 원 넘는 배당소득을 받을 수만 있다면 세금이 그리 대수겠습니까? 세금 내도 괜찮으니 배당 좀 많이 받아봤으면 좋겠습니다.

제 친구 얘기를 좀 하겠습니다. 이 친구는 세금에 대단히 민감합니다. 오죽하면 다들 서학개미 운동을 벌일 때도 해외 주식에서 이익을 얻으면 세금을 떼 간다고 하면서 국내 주식만 하는 친구입니다. 제가 물어봤습니다.

"그래, 어떻게 돈은 좀 벌었니?"

죽겠답니다. 해외든 국내든 이익이 나는 곳에 투자하는 것을 뭐라고 할 수는 없지요. 대신 마인드는 좀 열려 있어야 하겠죠.

이익이 나서 세금을 매긴다고 해도 확률상 이익이 날 수 있는 곳이라면 세금이 대수이겠습니까?

그 친구 마인드가 변했는지 한번 확인해봐야겠네요.

이자소득과 배당소득에 대해서 걱정이 된다면 요즘 만능통장이라고 광고하는 개인종합자산관리계좌인 ISAIndividual Savings Account에 관심을 가져 보세요.

이자소득세와 배당소득세 등 세금을 조금이라도 줄이는 수단이 될 것입니다. 소득 유무와 관련 없이 국내 거주자는 19세 이상이면 가입할 수 있습니다. 15세 이상도 근로소득이 있으면 가입할 수 있습니다. 개설 이유는 비과세와 분리과세라는 절세 효과와 손익합산 방식 때문입니다. 모든 금융기관에서 세稅테크 필수품이라고 하면서 가입을 홍보하고 있습니다.

ISA 계좌로 투자하는 동안에는 만기 시점 한꺼번에 최종적인 세금을 정산하기 때문에 과세 이연 효과가 있습니다. 세금 정산할 때 투자한 모든 상품의 손익을 통산해 과세 대상 소득이 결정되는 구조입니다. 이익만으로 과세금액을 잡는 것이 아니라 손실을 본 것을 빼주니까 합리적인 상품입니다. 일반형 ISA 기준으로 최종적인 과세대상 소득 중 200만 원까지는 비과세이며, 200만 원을 초과하는 금액에 대해서는 9.9%(지방소득세 포함)로 분리과세를 적용합니다.

3년간 적금을 들 때 이자가 200만 원이 넘는 경우는 많지 않을 겁니다. 쥐꼬리만 한 이자에도 세금을 15.4%까지 거둬갔으니 세전 이자의 의미가 퇴색되기 마련이죠.

반면 ISA는 설사 200만 원을 초과할 때도 9.9%의 세율만 적용하니까 예금이나 적금에 가입하는 분들은 개설하지 않을 이유가 없겠습니다.

배당금도 마찬가지입니다.

이자소득세 떼는 것보다 더 아까울 때가 많을 것입니다. 예금이나 적금의 경우 원금에다 추가로 붙은 이자니까 뭐 낼 수도 있겠다고 생각할 수 있는데, 주식 배당의 경우는 좀 다르죠.

내 주식이 오른 상태에서 배당을 받았다면 그나마 덜 할 텐데, 떨어지고 있는데 배당을 받았다면 몇 푼 준다고 세금까지 떼가냐며 억울할 수 있겠죠.

예금이나 적금의 이자소득세를 줄일 요량이라면 신탁형 ISA 계좌로 개설하고, 국내 주식의 배당소득세를 줄일 요량이라면 중개형 ISA 계좌를 개설하면 됩니다.

모든 금융기관을 통틀어 1개의 ISA 계좌만 개설할 수 있으니까 계좌 개설 시 신중해야 합니다.

제가 몇몇 친구에게 확인해봤더니 신탁형보다는 중개형으로 많이 개설했더군요.

이자소득세에 대한 비과세보다는 해외 ETF 투자에 대한 니즈가 많아서 그랬다고 합니다. 적금은 그냥 시중은행에 든다는 것이죠. 판단은 각자 알아서 할 일입니다.

ISA 계좌에는 한도가 있습니다.

연간 2,000만 원까지만 납입할 수 있습니다. 누적 납입 한도는 5년간 1억 원입니다. 연간 납입 한도는 이월되기 때문에 올해 2,000만 원을 채우지 않으면 내년에는 4천만 원까지 납입할 수 있습니다.

3년간 의무가입 조건이 있으니 3년 이내에 해지하면 혜택을 받을 수 없습니다. 대신 중간에 돈이 좀 필요하다 싶으면 해지하지 말고 과세가 되지도 않으니까 원금 한도 내에서 중도인출하면 되겠습니다. 게다가 3년 의무가입 기간을 채운 뒤 해지하고 재가입하면 비과세 한도가 새로 부여됩니다.

정부는 2024년 하반기에 납입 한도를 2배, 비과세 한도를 2.5배 정도 늘리겠다고 하는데, 국회를 통과해야 합니다.

ISA는 가입자 유형에 따라서 서민형, 농어민형, 일반형으로 나눌 수 있습니다. 운용 유형은 신탁형, 일임형, 중개형으로 구분됩니다. 자세히 살펴보면 자신에게 맞는 ISA를 고를 수 있습니다.

먼저, 가입자 유형입니다.

☞ 서민형 : 근로소득 5,000만 원 이하 또는 종합소득 3,800만 원 이하
에 해당하면 가입할 수 있습니다. 연간 비과세 한도는 400만
원입니다.

☞ 농어민형 : 직전 연도 종합소득이 3,800만 원 이하인 농어민 거주자
가 가입할 수 있습니다. 연간 비과세 한도는 서민형과 같은
400만 원입니다.

☞ 일반형 : 서민형과 농어민형이 아닌 경우입니다. 근로소득이 5,000만
원이 넘거나 종합소득이 3,800만 원을 초과한 경우입니다.
연간 비과세 한도는 200만 원입니다.

다음으로는 운용 형태입니다.

☞ 신탁형 : 투자 상품은 내가 선택하지만, 해당 금융기관이 만든 포트폴
리오 내에서만 고를 수 있습니다. '이 종목을 이만큼 사고팔라'
고 운용 지시를 하면 매매는 금융회사가 합니다. 예·적금은 신
탁형에서만 가능합니다. 주식이나 채권 투자는 불가능합니다.

☞ 일임형 : 금융회사에 상품과 운용을 모두 맡기는 방식입니다.

☞ 중개형 : 내가 투자 상품도 선택하고 운용도 직접하는 방식입니다. 국

빈털터리 월급쟁이의 터닝 포인트

내 상장주식 및 채권, ETF(상장지수펀드), 리츠(부동산투자회사), RP(환매조건부채권) 등에 직접 투자가 가능하며, 해외 개별주식에는 투자하지 못합니다. 증권회사에서만 개설됩니다.

이자소득, 배당소득의 비과세 한도를 초과해도 9.9%만 분리과세하니까 일반적인 이자소득의 15.4%를 과세하는 데에 비해 유리합니다. 단, ISA는 금융소득종합과세에 해당되는 분들은 가입을 못하는데, 이자와 배당소득이 연간 2,000만 원을 넘지 않는 저 같은 서민들은 해당 사항이 없을 테니 굳이 단점이라고 할 수는 없을 것 같네요.

ISA의 한도 금액을 초과하는 투자 금액이나 해외 개별 주식 투자의 경우에는 별도의 주식 계좌를 따로 운영하는 형태로 운용하면 세금에 대한 부담과 전체 투자 형태의 확대까지 도모할 수 있겠네요.

ISA가 좋은 이유는 만기 시 IRP로 이전하면 세액 공제를 추가로 받을 수 있다는 장점도 있기 때문입니다. IRP에 납입한 금액은 연간 최대 900만 원까지 세액 공제가 되지만 ISA가 IRP로 이전된 해에는 이전된 금액의 10% 또는 최대 300만 원 중 적은 금액이 추가로 세액 공제가 됩니다. IRP에 가입하지 않은 경우에도 혜택을 받을 수 있고, IRP에 가입해 납입 한도를 다 채운 경우에도 추가로 세액 공제를 받을 수 있는 만큼 ISA는 IRP 가입 시 함께 가입하는 것을 적극 추천합니다.

특히, 새내기 직장인들은 무조건 IRP와 ISA는 필수 세트 상품입니다.

그다음 좋은 이유는 손익합산 방식입니다. 개별 국내 주식에 투자한 경우 이익이 발생해도 세금을 부과하지는 않고 있죠. 물론 손실 났다고 보전해 주지도 않습니다.

그러나 ISA에서는 국내 주식의 손실이 발생할 경우 전체 이익에서 손실이 발생한 금액만큼을 빼주므로 비과세에 대한 메리트가 존재하는 것입니다.

2025년에 시행 예정인 '금투세'(금융투자소득세)가 어떻게 결정 나는지에 따라서 중요한 포인트가 될 것 같습니다. '금투세'는 주식·채권·펀드·파생상품 등 금융투자와 관련해 발생한 양도소득에 대해 과세하는 제도로 수익 5,000만 원을 넘으면 과세하겠다는 것입니다. 예정대로 2025년에 시행된다면 ISA의 메리트가 좀 더 주목받을 것 같습니다.

세금 걱정 안 하는 것만큼 속 편한 일도 없겠지만, 이왕 내야 할 세금이라면 어떻게 하면 줄일 수 있을지 공부할 필요는 있습니다. 줄여도 줄여도 더 줄일 수 없다면 그때 가서는 마음 편하게 납입하면 됩니다. 대신에 세금 나가는 것이 아깝다면 추가로 돈 벌 궁리를 하면 되지 않을까요?

여유자금이 있다면 주식·채권·부동산 등에 투자하거나, 배달 서비스만 해도 지하철, 오토바이, 자전거 등 다양한 방법으로도 아르바이트가 가능한 만큼 찾아보면 본인에게 맞는 돈벌이 방법은 많이 있을 것입니다.

은퇴한 지 얼마 되지 않은 제 선배가 처음으로 한 일이 개인택 시인데요, 2개월 동안 하루에 14시간 정도 일했더니 한 달 평균 1천만 원을 벌었다고 해서 깜짝 놀라기도 했습니다.

제가 건강을 해친다고 겨우 말려서 지금은 10시간 내외 정도 만 일한다고 하는데, 세금 걱정할 시간에 별도의 돈벌이나 투자 방법을 찾는 것이 속 편하다는 얘기를 드리고 싶은 것입니다.

· 은퇴하면 뭐 하려고 해?

은퇴를 앞둔 이들 대부분은 다들 뭐 하며 먹고살지를 고민합니다. 그러나 저는 생각이 조금 다릅니다. 뭐 하며 먹고살까가 아니라 뭐 하며 놀고먹을지가 중요하다고 생각합니다. 그래야 스트레스도 덜 받고 선택지도 훨씬 넓을 것이기 때문입니다.

제가 좋아하는 후배가 최근에 밝힌 은퇴 계획을 잠깐 소개해 드립니다. 10년 전에 세웠던 계획을 보관하고 있다가 지금 다시 꺼내어 이행하고 있다고 합니다. 제가 존경할 수밖에 없는 친구입니다.

2024년 6월 10일의 소회

☐ 급여 수준 무시하고 어딘가에 소속은 반드시 둘 것이다.

☐ 생활의 달인에 나온 국내 맛집을 아내와 둘이 다 둘러본다.

☐ 만약 손주 손녀가 태어난다면, 그들이 5세가 되기 전까지 그리고 내가 70세가 되기 전까지라면 돌보아주는 것을 거절하지 않겠다. 내가 손자, 손녀에게 줄 수 있는 것은 오직 사랑뿐이다.

☐ 혹시 위의 내용대로 안 된다면 10년 전인 2014년 12월 소회에서 처음 밝혔던 계획을 다시 시도하고, 계획 실현에 필수적인 어학공부도 새로 시작한다.

2014년 12월 9일의 소회

제가 행복할 때는 ①여행할 때 ②글을 쓸 때 ③상상할 때였습니다. 은퇴 뒤에 제가 행복해하는 모습을 하는 꿈 꾸면서 ①과 ②를 조합해보니 여행+글쓰기(writing) = 여행작가였습니다. 그런데 세상에는 여행책을 쓰는 작가들이 너무 많습니다. 대부분 여행책은 가이드북 또는 여행지에 대한 작가의 감상을 적어 놓은 책들이었습니다.

'어떻게 하면 일반적인 여행작가들보다 경쟁력을 가질 수 있을까?' 하고 생각해보다가, 제가 어렸을 때 너무나 좋아했던 안데르센의 '그림 없는 그림책' 속의 달님을 떠올리게 되었습니다. '여행작가와 ③번'을 붙여서 달님과 같이 제가 간 여행지의 평범한 사람들 이야기에 저의 상상을 조금만 곁들여서 세상 사람들에게 들려주는 여행작가가 되자고 꿈을 더욱 구체화하게 되었답니다.

나중에 제 꿈을 다시 생각하다 보니, 여행 가서 그곳 사람들의 소소한 이야기를 듣고, 저의 상상력에 날개를 달기 위해 눈으로 더욱 많이 보고 많이 알기 위해서는 그 나라의 언어를 듣고 말하지는 못하더라도, 세계 공통어인 영어라도 해야겠다는 생각이 들었습니다.

남보다 점수를 더 얻기 위해, 좀 더 많은 기회를 얻기 위해 어쩔 수 없이 하던 영어공부가 아니라 "제가 더 행복해지고 여행+상상 작가의 꿈을 달성해야겠다"는 생각을 가지다 보니, 처음으로 자발적인 영어공부에 과감하고 의욕적으로 뛰어들었답니다.

나이를 먹을수록 가정과 회사에서 더 고민이 많아지고 노력이 더 요구됩니다. 그런 다람쥐 쳇바퀴 돌 듯 열심히 뛰어다녀야 하는 생활 + 영어숙제(열심히 듣고 읽는 것) 부담+ 자발적인 것이다 보니 이번 주는 그냥 지나칠까? 하는 유혹이 자꾸 저를 흔들어 댑니다. 하지만 그것을 하루하루 이겨내야 하는 이유는 아마 영어에 대한 포기가 아닌 '제 꿈에 대한 포기'는 할 수 없다는 의지와 곁에서 묵묵히 아빠의 꿈을 응원하는 큰아이의 눈을 의식하기 때문입니다.

(지난주 금요일에 큰아이가 말합니다. "아빠 요즘 영어공부가 뜸하시네요?")

"업무가 즐거운 것은 본인에게 맞는 일이 주어지거나 본인이 좋아하는 일을 해서가 아니라, 본인의 생활에 새로운 것이 함께했을 때 그것을 만나는 기쁨에 회사의 업무를 비롯한 모든 일이 즐거워진다"라는 말에 다시 한번 공감해봅니다.

요즘 회사 업무나 사업이 재미없고 슬럼프에 빠지셨다면, 그 핑계를 업무나 사업에 두지 말고 내 생활에 새로운 것을 더해가는 본인의 노력이 요즘 부족하지 않으셨나 되돌아보시고 새롭게 배울수 있는 어떤 것을 찾아보시면 세상에 살고 있다는 사실이 행복하게 느껴지실 것입니다. (저는 "삶이 재미있다고 느끼는 것은 배운다는 생각이 들 때이다."라는 확신이 있습니다.) 작심삼일이 안 되도록, 쉽게 포기하지 않도록 여러분들의 응원을 부탁드립니다.

올해 말에는 제 꿈이 어떻게 더욱 구체화가 되었는지, 그래서 어떤 액션을 하고 있는지를 말씀드릴 수 있길 꿈꿔 봅니다. 항상 고맙습니다. 옆에 계셔주셔서요.

- 星谷 올림

후배가 밝힌 최근의 은퇴 계획과 10년 전의 은퇴 계획을 같이 소개해 드린 이유는 지금 읽어봐도 큰 차이가 없기 때문입니다.

"은퇴하면 뭐 할 거냐?"라는 질문은 "은퇴 후에 뭐 먹고살 거냐?"라는 뜻으로 받아들이기 쉽습니다. "뭐 먹고살 것인가?"를 생각하니 걱정이 되고 머리가 아픈 것입니다. 후배는 돈 벌자고 여행작가가 되려는 것도 아니고 돈 때문에 영어공부를 하려는 것도 아닙니다. 좋아하는 것을 추구하는 동안에 행복도 가까이 다가온다고 말하는 것 같습니다.

훌륭한 분들의 인생 얘기를 읽고 보고 듣고 하면서 제가 생각한 인생에서 중요한 것도 다름 아닌 '행복'이었습니다.

행복은 돈과 건강이 함께 갖춰져 있을 때 완연한 모습이 되는 것 같습니다.

■ 돈

돈이 없으면 싫은 사람이나 마음에 들지 않은 사람에게도 머리를 숙일 일이 생길 것입니다. 머리 숙이는 것도 뭐 상관없다면 돈이 그렇게 중요하지 않을 수 있겠습니다만, 그래도 어느 정도는 있어야겠지요. 어느 정도가 얼마인지 모른다면 돈을 더 벌어야 한다는 신호로 보면 되겠습니다.

"세상에 돈이 전부가 아니야."

당연히 돈이 전부는 아니죠. 하지만 같은 말이라도 가난한 친구의 말과 부자인 친구의 말은 엄연히 뉘앙스가 다릅니다.

부자는 돈을 모욕하거나 악담하면서 걷어차지 않는다고 합니다. 물론 가난한 자도 마찬가지입니다. 돈을 애지중지 여기며 악착같이 더 많은 돈을 벌려고 노력하는 분들이 많습니다.

반면에 돈이 없다 보니 돈이 전부가 아니라고 생각하고 싶어 하는 가난한 자들도 있습니다. 그중의 한 명이 접니다. 집 없던 시절 제가 그랬습니다. "집, 그거 사는 것居住이지 사는 것購入이 아니야!"라고 큰소리로 말하기도 했습니다. 돈이 없었으니 하는 말이었습니다.

돈은 얼마가 필요할까요? 20억 원이나 100억 원 정도만 있으면 될까요? 물론 돈도 다다익선多多益善이겠지요. 많으면 많을수록 좋겠지요.

가끔 아내에게 물어봅니다.

"여보! 내가 1억 원을 주면 당신은 뭐 할 거야?"

단 1초의 망설임도 없이 이런 대답이 나옵니다.

"1억? 일단 주기라도 해봐! 어디 쓸 데 없을까 봐!"

슬프지만 아내는 제가 1억 원을 줄 수 없다는 것을 압니다. 그럴 더라도 과연 1억 원이 생겼을 때 제 아내는 무엇을 할까요?

이 얘기는 돈은 써야 할 목적이 있을 때 필요한 것이지, 그렇지 않으면 의미가 없을 수도 있다는 뜻입니다. 그럴 일은 없겠습니다만, 돈 쓸 일이 없는 사람에게는 돈이 필요 없는 것입니다. 자녀가 결혼할 때 얼마를 주어야 할까요? 형편에 맞춰서 주면 됩니다.

앞에서도 얘기했지만 제 딸이 결혼했을 때 줄 요량으로 주식을 한다고 했지만, 막상 결혼할 때 저의 수익률이 안 좋으면 1억 5천만 원이 아니라 월세 보증금 정도밖에 못 줄 수도 있을 것입니다. 수익률이 좋아진다고 해도 더 줄 생각은 없지만, 줄 수 있는 만큼만 주면 됩니다. 없는데 더 주고 싶으니 문제가 생기는 것일 테죠. 우리 집의 형편을 인정하고 공유하면 되지 않을까요? 형편이 이래서 이 정도밖에 못 줘서 미안하다고 하는데, 그걸 나쁜 부모라고 자녀들이 생각하지는 않을 것 같습니다.

자녀 결혼 문제가 이 정도 선에서 정리된다면 남은 것은 저와 배우자의 노후자금이 얼마 필요할지를 계산하는 것입니다. 국민연금, 퇴직연금, 개인연금으로 준비한 금액이 얼마나 되느냐가 중요하다고 말씀드렸습니다. 여기에 가욋돈이라는 현금이 필요할 것입니다. 기초적인 생활비, 병원비, 경조사비, 여행 가고 싶을 때 떠날 수 있는 비용, 가끔 친구들 만나서 막걸리 한잔 살 수 있는 용돈 정도가 준비되어 있다면 굳이 돈 욕심을 부릴 필요는 없지 않을까요?

개인적으로 돈이 좀 있었으면 좋겠다고 느꼈을 때는 부조할 때와 제가 나온 학교에 조금이라도 장학금을 주고 싶을 때가 아닌가 싶습니다. 부조의 경우 5만 원 할 것을 10만 원으로, 10만 원 할 것을 20만 원으로 했으면 좋겠다는 것이죠. 모교 장학금은 1년에 50만 원이면 어떻고 100만 원이면 어떻습니까? 한 명부터 시작해서 수혜 대상이 많아지면 더욱 보람이 크겠지요. 아마도 장학금을 더 주려고 돈을 더 벌어야겠다는 생각이 들 수도 있을 것 같습니다.

노후 준비로만 돈을 생각해서는 안 되는 것이 요즘은 아무것도 하지 않고는 살 수 없는 세상이기 때문입니다. 평균 수명이 길어졌고, 그에 따라 나이가 들면서 삶의 가치를 많이 생각하게 되니까요.

직장 다니면서 포기했던 다른 일, 좋아했지만 돈이 없어서 못 했던 그 무엇이 누구에게나 있었을 것입니다. 하고 싶은 일이 돈을 까먹는 일일 수도 있을 것이니 돈이 더 있으면 싶은 것이죠.

어려서부터 저의 꿈은 영화감독이었고 배우였습니다. 그런데 육십 줄에 가까운 제가 봉준호 감독처럼 되고 싶어서, 송강호 같은 배우가 되려고 영화판에 뛰어들까요?

좋아서 하려고 하는 겁니다. 내 돈으로 밥 먹고 교통비 써가면서 하다 보면 개런티라는 것을 받는 날도 오리라 희망을 걸어 봅니다. 그러면 저도 프로 그룹에 한 발짝 들여놓게 되는 것이겠지요.

최근 들어서 꿈이 하나 더 생겼는데 작가입니다. 글 쓰는 동안 무엇으로 먹고살 것인가를 걱정하는 것과 그렇지 않은 것과는 많은 차이가 있을 것입니다. 좀 더 학문적인 지식이 필요할 수도 있으니 학비 등의 경비도 생각해야 할 것입니다.

아내 말에 따르면 막둥이가 세상 모든 것에 관심이 있는데, 유독

공부만은 관심이 없다고 하더군요. 그래서 제가 소파에 누워 세상 편한 목소리로 그럽니다.

"그렇게 싫어하면 학원 이런 데 보내지 마세요."

"그래도 바보는 만들지 말아야지요."

아내가 정색해 말합니다. 사실 막둥이가 공부에 관심은 없어 보여도 아내가 생각하는 그 정도가 아닌 것은 물론이고 나름 똑똑한 구석도 있다는 것을 아내도 저도 잘 압니다. 가끔 막내를 놀려먹으려고 이렇게 얘기합니다.

"너 공부 열심히 해야 한다. 그래야 사이버 대학에라도 가지"

옆에서 듣고 있던 큰딸이 한술 더 떠서 이럽니다.

"너 행복한 줄 알아야 해! 너야 엎어지면 코 닿을 정도로 집에서 학교가 가깝잖아? 언니가 초등학교 다닐 때는 말이지. 산 넘고, 비포장도로 따라 한참 걸어서 다녔어. 언니가 왜 서울대를 안 갔는지 알아? 서울대가 집에서 멀잖아? 초등학교 때의 트라우마 때문에 그나마 집에서 가까운 대학을 간 거라고."

큰딸은 저를 전혀 안 닮은 줄 알았더니, 저보다 더하네요. 피는 못 속이나 봅니다.

이 대화 자리에 매사 진심인 둘째가 있었으면 혀를 끌끌 차면서 이렇게 한마디 했을 것입니다.

"아빠라는 사람이 어린 딸을 갖고 장난칠 게 따로 있지, 그러니 언니가 아빠 따라 하는 거 아녜요? 엄마 말대로 진짜 나잇값을 못 한다니까!"

저도 처음에는 진지하게 이렇게 얘기했었습니다.

"공부는 나중에 네가 하고 싶은 일을 할 때 방해하는 걸림돌을 없애주는 역할을 한단다. 공부를 잘해서 좋은 대학 가라는 뜻이 아니라 언젠가 꼭 하고 싶은 일이 생겼는데 대학이라는 조건 때문에 포기하는 일을 만들지 않기 위해서야. 네가 좋아하는 일을 못 하게 된다면 기분이 어떻겠니? 공부는 그래서 하는 거란다."

학교 다닐 때의 공부는 의무적으로 하는 개념이다 보니 당연히 재미가 있을 리 없죠. 제 막둥이만 공부에 관심이 없었을까요? 저도 어릴 때는 마찬가지였습니다.

이제 은퇴를 앞둔 다소 홀가분한 상태에서 8개월 사이에 100권이 넘는 책을 보고 있자니 공부하는 것에 재미가 붙더군요. 학교 다닐 때 하도 공부를 안 하다 보니 뒤늦게 그런지도 모르겠습니다. 학창 시절의 도서관은 입구에 들어갈 때만 뿌듯했지 막상 자리에 앉으면 숨이 탁 막히는 공간이었는데, 나이 들어서 가는 도서관은 책만 보는, 공부만 하는 공간이 아니더군요. 심지어 여의도의 어느 도서관은 구내식당의 밥맛이 그렇게 맛있을 수가 없다고 꼭 한 번 가봐야 한다고 하는 얘기를 들으면 어디 여행 갈 때의 설레는 마음까지도 듭니다.

세컨드 라이프Second Life가 좀 더 풍성해지기 위해서라도 돈은 필요하겠죠. 하지만 돈 이전에 내가 좋아하는 뭔가를 할 때 삶의 의미가 커지지 않을까요? 막둥이가 세상사 모든 것에 관심이 있으니 얼마나 좋은 일입니까? 언젠가는 공부가 재미있을 날이 올 것입니다. 돈을 바라보는 시각 또한 다양해졌으면 좋겠습니다.

"그래! 돈은 쓰려고 버는 거잖아! 많고 적음이 아니라 언제, 어떻게 쓸 것인지가 중요하겠지?"

■ 건강

건강의 중요성에 대해서는 위에서 한 번 언급했던 성곡星谷님이 보내 준 이메일전자우편을 먼저 소개하면서 시작하겠습니다. 이 후배 님은 매주 메일을 보내줍니다. '2024년 6월 4일의 소회'라는 제목의 이메일에는 "새로운 6월을 시작하면서 주말 동안 감명 깊은 글을 읽게 되었다. 몇 해 전에 읽었던 글인데도 다시 읽으니 마음에 더 와닿았다."며 타이완에서 출판된 수필집 <너무 늦기 전에 말해요. 뉴욕커의 마지막 말(Say it before it's too late. The Last words of New Yorkers)>에 나오는 내용을 소개해 줍니다.

수필집에 나오는 필자는 병석에 누워 지난날을 회상하며 "내가 그토록 자랑스럽게 여겼던 주위의 갈채와 막대한 부富는 임박한 죽음 앞에서는 그 빛을 잃었고 그 의미도 다 상실했다"고 토로합니다.

그러면서 "평생 배 굶지 않을 정도의 부富만 축적된다면 더 이상 돈 버는 일과 상관없는 다른 일에 관심을 가져야 한다"며 "그건 인간관계가 될 수 있고, 예술일 수도 있으며 어린 시절부터 가졌던 꿈일 수도 있다"고 강조합니다.

그는 "물질은 잃어버리더라도 되찾을 수 있지만 절대 되찾을 수 없는 게 하나 있으니 바로 '삶'이다"라고 합니다.

이메일 중간쯤에는 성곡 님의 일과 삶에 대한 성곡 님의 깊은 성찰과 묵상도 엿보입니다.

나 또한 지금까지 30년 이상 한 곳만 바라보며 살아왔다. 사회에서 잊히기 싫고, 튀고 싶은 마음 때문이었다. 시간이 많이 흘렀지만 지금도 그러한 욕망은 한결같다. 하지만 더 진정한 나의 삶을 살아가려면 이제는 다른 방향으로 고개를 돌려야 할 때가 온 것이 아닐까?

바로 그때가 아니라면 항상 고개를 쳐들고 위만 바라보던 삶에서 벗어나 이제는 벼가 익으면 고개를 숙이는 것처럼 고개를 떨구며 아래를 바라봐야 하지 않을까? 그것이 풍요롭고 결실을 맺는 진정한 삶인데, 아무것도 모른 채 앞으로만 달려왔던 것은 아닐까?

나이가 오십이 넘으면 죽음도 생각하게 되지만 의료기술이 발달한 현대에서는 백 세까지 살아도 이상하지 않습니다. 지금도 주변에 보면 한창때 못지않은 체력을 보여주는 청년 같은 노인들이 많습니다. 물론 건강은 육체 활력만을 뜻하지는 않습니다. 몸과 마음이 모두 아프지 않아야 건강하다라고 할 수 있겠지요. 동년배 사이에서도 건강 편차가 큰 이유입니다.

돈은 많으나 건강을 잃는 경우가 허다합니다. 부단한 노력에 운까지 맞아떨어지면 돈은 많이 벌 수도 있을 것 같습니다. 하지만 건강은 꼭 그렇지만은 않다는 생각이 들더군요. 몸도 건강하고 마음도 건강하기가 여간 어려운 게 아니니까요. 평균 수명이 늘어나고 있으니 돈보다도 건강이 더 중요한 세상이 되었습니다.

현재 저는 술을 많이 마시지는 않습니다. 바꿔 말하면 예전에는 주당이었다는 얘기죠. 일 년에 366일을 마셨던 적도 있었으니까요. 막둥이가 태어난 뒤 정신 차려서 몇 년간은 술을 멀리했던 적도 있었습니다만 이 기간만을 빼고는 여전히 술은 좋은 친구로 옆에 있었습니다. 술을 마시지 않으면 사회생활도, 인간관계도 하지 못할 것이라고 생각해 왔고, 술 없는 인생을 단 한 번도 상상해 본 적이 없었습니다. 오히려 은퇴하면 유유자적하게 막걸리를 즐기는 인생을 꿈꾸었습니다.

그러던 저에게 2023년 추석은 또 다른 삶의 변화를 가져다 준 계기가 되었습니다. 임시공휴일로 지정된 모처럼의 긴 연휴를 고향인 제주에서 실컷 즐기겠다고 마음먹고 도착한 첫날부터 둘째 날까지도 부어라 마셔라 했습니다. 사흘째 되던 날 아침이었습니다.

　술독에서 벗어나지 못한 채 졸린 눈으로 화장실에서 거울을 본 순간 놀라서 나도 모르게 눈을 번쩍 뜨게 되었습니다. 가슴 쪽에 여러 개의 붉은 반점이 생겨났습니다. 비상약으로 가져간 피부 연고제를 발랐는데도 통 듣지 않았습니다. 혼자 마음속으로 은근히 염려되더군요. 서울로 올라와서 병원에 갔더니 모낭종이라고 하더군요. 두드러기가 났을 때 치료했던 약의 부작용일 수 있다고 하면서 새로운 약을 처방해주었습니다. 그러면서 한 달 치 항생제를 처방해 줄 테니 약 복용 시에는 술을 먹으면 안 된다고 하더군요.

　"한 달이나?"

　제가 한 달 동안 술을 안 먹었을까요?

　빙고! 안 먹었습니다. 아내가 약 끊고 나면 또 술 먹을 것이라면서도 대견하다는 듯 한마디 던지더군요.

　"어쩜 그렇게 마누라 말은 안 들으면서 의사 말은 그렇게 잘 들을까?"

　그렇습니다. 저는 의사 선생님이 약 먹을 때 술 먹지 말라면 안 먹습니다. 의사 선생님 말 듣는 것처럼 아내 말을 들었더라면 벌써 철이 들었을 것입니다.

　한 달이 넘는 시간에 어찌 술자리가 없었겠습니까마는 술을 한 모금도 안 마시는 저를 보고 친구들이나 회사 동료들도 놀라더군요.

"너 그러다 오래 못 산다.";"고 프로가 술을 다 마다해?"

한 달 동안 금주했더니 몸에 났던 반점도 없어지고, 덤으로 가끔 하던 설사도 없어지는 등 건강해지는 느낌이 들더군요. 약을 먹어야 하는 한 달의 기간이 다 지난 뒤에도 며칠은 술이 당기지 않더군요. 술을 안 먹어도 인생이, 세상이 잘 돌아간다는 걸 처음 느꼈습니다.

명절 때 형과 함께했던 술자리 기억이 났습니다. 형은 방금 했던 말 또 하고, 간혹 표정도 무섭게 변하곤 했습니다. 동생인 저는 형의 모습을 맨정신으로 지켜봤었습니다. 그때 형의 표정이 바로 술에 취한 나의 모습이었다는 사실을 뒤늦게야 깨달았습니다.

'아! 나도 술 먹으면 그랬었구나!'

술에 대한 생각이 바뀌게 된 결정적 계기였던 셈입니다.

술을 안 마시니 할 수 있는 일들의 선택지가 너무 많아서 좋더군요. 일단 정신이 맑아졌습니다. 그리고 아침이 개운해졌습니다. 그동안 어디 가고 싶은데가 있어도 동행하는 형의 일정이 안 맞거나 형도 낮술을 좋아해서 운전할 수 없을 때가 많다 보니, 고향이라도 제주도 어디를 제대로 다녀본 기억이 별로 없었습니다. 그런데 술을 마시지 않기 시작한 때부터는 추석에 저 혼자 차량을 렌트해 이곳저곳 다닐 수 있어 너무 좋았습니다.

술을 끊자 주변에서 나를 이상하게 보기도 하더군요.

"혹시, 무슨 죽을병 걸렸니?"

"얘, 약 안 먹으면 또 금세 마셔댈 거야. 내기할래?"

나의 금주가 주변 분들에게는 믿지 못할 일이었던 것 같습니다. 그만큼 평상시에 술을 많이 마시고 다녔던 거죠. 다행히 모낭종 덕분에 술을 줄일 수 있었던 것 같습니다.

이 책이 출간될 때쯤이면 일주일에 한두 번 하던 술자리가 한 달에 한두 번 정도로 바뀌어 있지 않을까 생각해 봅니다.

인생이 새로워지는 기분이랄까요. 술 먹느라 시간 뺏겨, 건강 안 좋아져, 게다가 돈도 날려버려, 돈 없는 놈이 술값 아까운 줄 몰랐었습니다. 그런데 술을 안 먹으니 돈 쓸 일이 거의 없어지게 되더군요. 몸 건강이 이럴진대 정신 건강은 또 얼마나 중요하겠습니까?

빚 얘기 잠깐 하고 가겠습니다. 종잣돈 1천만 원 가지고 무슨 주식을 하느냐고 물어보시는 분이 많았습니다. 대출을 알아보며 생각을 좀 해봤습니다.

'대출이자를 감당할 수만 있다면 빚을 내도 무방하다. 그러자면 적어도 대출이자 이상의 배당 주는 기업을 선택해야 할 것 아닌가? 매년 이익도 나고 배당도 대출이자보다 더 주는 기업이 어디 있지?'

배당받은 것으로 대출이자를 내는 동안 안 팔고 갖고 있었더니 내가 산 회사의 실적이 올라갑니다. 덩달아 주가도 뜁니다. 그래서 기다릴 수 있었습니다. 정신 건강에 해롭가 되지 않더군요.

술을 멀리한 이후로는 술을 덜 마시겠다, 아예 마시지 않겠다고 마음을 먹으면 스스로 어느 정도는 제어할 수 있더군요. 그러나 술 먹고 난 뒤에 오는 몸의 변화는 우리가 제어할 수 없는 영역이었습니다.

우리가 통제할 수 없는 자율신경을 어떻게 훈련하고 관리할 수 있을지를 말씀드리는 겁니다. 주식투자하면 돈도 잃고, 스트레스 때문에 건강까지도 잃는다고들 하는 분들이 계시는데, 단순히 주식을 한다고 해서 모두가 몸과 마음이 망가지는 것은 아닙니다. 주식을 어떻게 하느냐에 따라서 하락장에서도 몸과 마음의 건강을 크게 잃지 않을 수 있는 것입니다.

하나의 예를 들어보겠습니다.

순희와 영희는 입사 동기이며, 입사 후 10년이 지난 지금의 연봉은 6천만 원입니다. 3년 전 동시에 주식에 발을 들여놓았고 둘 다 주식으로 2억 원을 벌었다고 가정해보겠습니다.

순희는 생각합니다.

'이거 뭐 10년 동안 모은 돈보다도 3년 만에 주식으로 번 돈이 많네. 김 부장 때문에 스트레스를 받으니 이참에 명퇴금 좀 받고 회사 때려치워서 전문적으로 주식으로만 해도 더 벌 수 있겠는데…'

결국 순희는 회사를 그만두고 전업으로 주식을 합니다.

순희와는 반대로 영희는 이렇게 생각합니다.

'주식투자가 좋은 거네. 적금보다 훌륭한 방법이 있었구먼. 월급이 밀린 적도 없고, 진급도 할 것이니 회사생활은 좀 더 안정적일 테고 이제 주식 공부도 더 하면서 길게 보고 투자해봐야지.'

과연 최후의 승자는 순희, 영희 둘 중 누구였을까요?

주식의 최종 수익률이 누가 더 컸는지는 모르겠으나 몸 건강과 마음 건강은 영희가 순희보다는 낮지 않았을까 싶습니다. 누구에게 돈복이 올지는 긴 안목으로 생각해 볼 일입니다.

제가 좋아하는 말이 있습니다.

"언젠가 기회는 온다. 반드시!"

전 세계적으로 금융위기나, 코로나19 같은 상황이 발생해서 주식 시장이 곤두박질칠 때 둘의 대처 방법은 어떨까요? 과연 순희는 어디에서 현금을 마련할까요? 그래서 전문가들마다 안정적으로 수입이 들어오는 구조 속에서 주식투자를 하라고 권하는 이유입니다.

제가 책의 서두에서 월급은 '받는다'라고 하고 돈은 '번다'라고 하는 표현에 대해 얘기를 꺼냈었는데, 월급이라는 고정적인 현금이 나오지 않는 상태에서 주식투자는 험난한 길의 연속이고 마음고생의 시작입니다. 마음고생이 심해지면 가정에서도 뜻하지 않은 말과 행동으로 인해 불화가 생기기도 합니다. 주식이야 오르고 내리고 한다지만, 가정의 행복이 왔다 갔다 하면 안 될 일입니다.

마음의 장애는 곧 몸의 장애로 연결됩니다. 그래서 몸과 마음 둘 다 건강해야 합니다. 그러려면 이 자율신경계의 구조를 매일 같이 그려 봐야 되는 것이죠. 아침에 일어나서 기지개하듯이 말이죠. 그래야 오랜 시간 주식투자로 돈을 벌 수 있을 것입니다.

주식투자로 돈 벌었다는 책을 백번 천번 읽어봐도 맨날 돈을 잃는 이유는 나의 상황에 대한 진단도 제대로 하지 않고 투자함은 물론이거니와 자신만의 투자원칙도 없기 때문입니다. 남들과 나의 환경이 처음부터 다른데 어떻게 그들의 방법을 따른다고 내가 돈을 벌 수 있겠습니까? 로또 하듯이 주식에 투자하면 백전백패입니다.

술 많이 드시는 독자가 있다면 며칠만이라도 술을 끊어보십시오. 건강도 챙기고 주식을 바라보는 시야도 넓어집니다. 친구가 없어진다는 걱정은 안 해도 됩니다. 술 안 마신다고 친구가 떠난다면 애초에 그런 친구는 도움이 안 됩니다. 문제 될 것도 없으려니와 피치 못하게 참석해야 할 술자리라면 일단 참석하세요. 소주잔에 사이다를 따라 마셔도 됩니다. 가끔 술에 취한 친구를 집까지 데려다주면 얼마나 고마워하겠습니까?

돈이 욕구 충족을 위한 수단이듯이 술 역시도 그러할 것입니다. 욕구 충족의 후유증 또한 닮았네요. 될 수 있으면 술은 많이 드시지 마세요. 돈도 벌고 건강도 지키고 가족과 친구들에게도 사랑받을 수 있는 일인데 안 할 이유가 없지 않을까요?

제가 지키고 있는 간단한 습관을 소개합니다. 어렵지 않다면 따라 해 보셔도 좋을 듯합니다.

◑ 행복을 지키는 생활 습관

1. 아침에 눈을 뜨면 누운 채로 스트레칭을 한다.

2. 이불을 개고 커튼을 열어 햇볕을 쬔다.

3. 미지근한 물 한 컵을 마신다.

4. 스쿼트 20회와 팔굽혀펴기 40회를 한 후 가볍게 샤워를 한다.

5. 아침 식사는 충분하게 한다.

6. 올라갈 때는 엘리베이터를 타지 않고 계단으로 걸어서 간다.

7. 점심 식사는 양껏 먹는다. 주전부리는 하지 않는다.

8. 퇴근 후 스쿼트 20회와 팔굽혀펴기 40회를 한다.

9. 저녁 식사는 9시 이전에 끝낸다.

10. 취침은 12시 이전에 한다.

100세를 사는 시대입니다. 지금 50대라면 빅토르 위고가 한 말을 떠올려 보시기 바랍니다.

"사십은 청년의 노년기, 오십은 노년의 청년기이다."

수학의 노벨상이라고 불리는 필즈상을 수상한 허준이 교수가 서울대 졸업식 축사에서 후배들에게 이런 말을 했다죠.

"제 대학 생활은 잘 포장해서 얘기해도 길 잃음의 연속이었습니다."

비단 대학 생활뿐이었겠습니까? 인생 육십 줄에 접어들어서도 저는 여전히 길을 찾지 못하고, 헤매고 있는지도 모르겠습니다. 다만 길흉을 겪었던 기간 동안 단련되고 굳세어진 것도 있었으리라 생각합니다. 지금이라도 제 길을 다시 찾아 떠나보려고 합니다.

한 갑자를 돌았으므로 언제 죽어도 이상하지 않을 것이고, 백수로 살아도 그럴 수 있다고 인정받을 수 있는 나이입니다. 남은 시간이 각자 다를 것이므로 건강해야 돈도 제대로 벌고 또 잘 쓸 수도 있을 것입니다.

양광모 시인의 '가장 넓은 길'이라는 시를 보면 "눈이 덮였다고 길이 없어진 것이 아니요"라는 시구가 나옵니다. "묵묵히 빗자루를 들고 눈을 치우다 보면 새벽과 함께 길이 나타날 것"이라고 합니다. 마지막으로 시인은 노래합니다. "가장 넓은 길은 언제나 내 마음속에 있다"라고 말이죠, 그렇습니다. 행복한 미래는 조바심낸다고 해서 펼쳐지는 것도 아니고 거저 얻어지는 것도 아닙니다. 절제하는 마음과 겸손한 자세를 유지하며 한 발 한 발 나아가면 우리 모두 인생 제2막의 길도 순조롭게 열릴 것이라고 믿습니다.

"기회는 옵니다, 반드시."

부록

· 연령대별 실천 전략

직장 초년생일 때 어느 선배 한 명이라도 저에게 투자는 이렇게 하고 인생은 이렇게 살라고 얘기해 주었으면 시행착오를 많이 줄였을 것이라는 생각을 한 적이 있었습니다.

그러면서도 그 시절 선배들 대부분 또한 투자 멘토, 인생 멘토가 없었으리라 추정해 봅니다. 투자가 뭔지 다들 몰랐었던 것이죠. 어떤 삶이 아름답고 멋진 것인지조차 모른 채 달렸던 것이죠. 새벽부터 밤늦게까지 회사 안에서만 생활했었으니 그럴 만도 합니다.

하지만 요즘은 세상이 달라도 많이 달라졌죠. MZ세대라는 후배들이 투자정보도 훨씬 많이 알고, 투자도 잘하는 것 같습니다. 일과 삶의 균형이라는 워라밸을 잃지 않으려고 합니다. 개인과 가정의 행복을 회사생활보다 중요하게 여깁니다. 투자의 형태나 방법 또한 다양하기도 하고 새로운 것이 수시로 나타납니다. 정보도 홍수처럼 쏟아져 나옵니다. 너무 많아서 뭐부터 해야 할지 모른다면 기본부터 지킨다는 생각을 가지라고 말씀드리고 싶습니다.

일부러 연령대별로 다르게 실천하라는 것은 아닙니다. 사물을 바라보는 시각, 시야가 달라질 수 있는 시기가 오면 저절로 그 나이에 맞는 전략을 구사할 수 있으니까요.

세상에 공짜는 없습니다. 돈이 쉽게 벌 수 있는 것이라면 실천 전략까지 필요하지 않겠지요. 시행착오를 최대한 줄일 수 있는 방법을 마다하지 않길 바랍니다.

■ 20대~30대

연금과 적금 전략을 쓰셔야 합니다. 즉, 돈을 모아야 합니다.

그래서 이자율 몇 퍼센트가 중요한 것이 아니라 매월 얼마씩 모을 것이냐에 주안점을 두고 덜 써야 합니다. 저에게 이 시절이 다시 온다면 술자리부터 멀리할 것입니다. ISA 계좌를 만든 후 월급의 절반은 무조건 넣으세요. 적금은 ISA에서 가입하시고, 개인연금은 연금저축과 IRP로 운용하세요. 해지하면 불이익이 생기는 다소 강제 조항이 있는 상품에 가입해야 할 연령대입니다.

월급의 절반을 미리 떼어놓은 분이라면 해외여행을 가든, 값비싼 오마카세 맛집에서 식사를 하든 뭘 하시든 상관없습니다. 수익률 효과는 1억 원 이상이 모였을 때부터 극대화되더군요. ISA 계좌에 1억이 될 때까지는 부지런히 모으기만 하십시오. 추가적인 팁을 하나 알려드리면, 개인연금을 통해 받은 세액공제액을 그대로 추가 납입하는 습관을 들이시기 바랍니다. 연간 900만 원까지가 세액공제 한도이므로 추가 납입하여 충분히 세액 공제를 받는 것이 세테

크입니다. 연말정산을 통해 세금 혜택을 받다 보니 절세 금액을 직접 손에 넣은 기억이 없을 것입니다. 1년에 한 번 연말정산 시 받은 개인연금의 세액 공제만큼은 개인연금에 그대로 추가 납입해야 돈을 벌었다는 느낌까지 들 수 있으므로 적극 권장합니다.

■ 40대

내 집 마련, 그러니까 아파트 분양 받을 것에 대비해서 자금 계획을 세우셔야 할 것입니다. 매월 원금 및 이자 상환액을 고려해보면 투자할 여력이 있을지가 결정되는 만큼 절대 조급해하지 마시기 바랍니다. 직장 초년생일 때 가입한 개인연금은 세액 공제 한도인 연 900만 원까지는 납입하시기 바랍니다.

연봉이 매년 올라갈 수 있을 연령대이기도 하고 지출도 많을 시기입니다. 회사 생활을 열심히 해서 연봉을 올리는 데 주력하는 것이 현명해 보입니다. 특별한 스카우트 제의가 오지 않는 이상, 한 군데에서 정년까지 마칠 생각을 하세요. 퇴직연금의 DC 전환 시기를 잘 잡으세요. DC 전환 후에는 ETF, 채권(국채, 회사채) 및 원리금 보장상품을 조화롭게 구성하셔서 운용하시면 됩니다.

■ 50대

명퇴금을 얼마 줄지 모르겠지만 솔깃한 금액이라도 명퇴는 신중하게 생각해 보시기 바랍니다. 50대에는 4~5년 일찍 그만둔다고 해서 뾰족한 방법이 있는 게 아닙니다. 회사 생활을 30년 가까이 했으니 지겨울 수도 있겠지요. 하지만 반대로 지겨울 날도 얼마 남지 않았습니다.

오히려 남은 기간을 즐긴다는 생각으로 다녀보니까 훨씬 알차게 생활할 수 있더군요. 혹시 정년이 연장될 수도 있는 만큼 인사팀에 먼저 손만 들지 않으시면 됩니다.

연령대별 실전 전략을 정리해봤습니다만, 어떤 연령대라도 공통점은 미리 노후를 준비한 이후에야 주식을 하시라는 것입니다.

20대라도 미리 노후가 준비되어 있다면 해도 되는 것이고, 50대라도 준비되어 있지 않으면 하지 말라는 뜻입니다. 따라서 개별 주식투자는 국민연금, 개인연금, 퇴직연금의 3층 노후 보장 사다리가 작동할 수 있는 시점부터는 언제라도 시작하십시오.

거듭 말씀드리지만, 이 3층 사다리가 준비되어 있지 않으면 시작하지 말라는 뜻입니다. 죽을 때까지 할 수 있는 것이 주식투자인 만큼 설사 60대 이후에 해도 늦지 않다고 생각합니다. 늦게 해도 기회는 오게 되어 있습니다. 남들이 얼마 벌었느니 해도 나만 손해 보는 것 아니냐고 생각하지 마시고 조급해하지 마시기를 바랍니다. 실제로 보면 돈 번 사람 많지 않습니다. 준비되지 않은 상태에서는 섣불리 들어가지 말라는 뜻입니다.

주식으로 떼돈 벌려고 하는 순간 다 잃을 수도 있으니만큼 목표 금액보다는 연평균 수익률 설정이 중요합니다. 기간도 다소 길게 잡고 최대 손실 폭을 정해 놓아야 마음고생 덜 하면서 오래도록 투자할 수 있습니다. 그래야 이익을 볼 수 있습니다.

어느 누가 나에게 지갑을 순순히 열어주겠습니까? 어려운 일을 하는 만큼 단기간으로만 접근하지 않으면 목표 금액에 도달할 수 있을 것입니다.

행복해지자고 하는 일인데 불안과 조바심으로 인해 건강이 나빠지면 아니 될 말입니다.

어느 날 공자의 뛰어난 제자 중 한 명인 자하子夏는 스승에게 고을을 다스리는 법을 묻습니다. 스승인 공자는 자하에게 욕속부달欲速不達이라며 공적을 올리기 위해 급하게 서두르면 도리어 달성하지 못한다라고 말합니다.

세상일이 마음 같지 않습니다. 세상이 여러분을 속일지라도 마음의 여유를 갖고 투자를 꽃 피우시길 바랍니다.

대한민국 월급쟁이들의 건투健投를 빕니다.

국민연금과 함께하는 나의 노후준비 (국민연금공단 중앙노후준비지원센터)

은퇴 전 꼭 알아야 하는 국민연금 더 많이 받는 방법 (전국투자자교육협의회)

세이노의 가르침 (세이노)

거인의 어깨 (홍진채)

이웃집 백만장자 (토머스 J 스탠리)

금리의 역습 (에드우드 챈슬러)

월가아재의 제2라운드 투자수업 (최한철)

채권투자 처음공부 (석동민)

평생 저축밖에 몰랐던 66세 임여사, 주식으로 돈벌다 (강환국)

50대에 도전해서 부자되는 법 (서미숙)

세븐 (전인구)

윌리엄 오닐의 최고의 주식 최적의 타이밍 성공투자 스토리 (에이미 스미스)

주주서한 (워런 버핏)

투자의 원칙 (제시 베리모어)

주식투자 바이블 (제시 베리모어)

부의 초월자 (조셉 머피)

박스 이론 (니콜라스 디바스)

Super Rich 실전 주식투자전략 (황용)

다시 쓰는 주식투자 교과서 (서준식)

증권투자의 이해 (임석필)

벤저민 그레이엄의 13가지 부자수업 (이지성)

주식시세의 비밀 (정재효)

퍼펙트 포트폴리오 (앤드류 로)

구로동 주식클럽 (박종석)

한국형 가치투자 (최준철)

살 때 팔 때 벌 때 (강영현)

나의 월급독립 프로젝트(유목민)

부의 추월차선 위대한 탈출(엠제이 드마코)

부자의 인문학(가야 게이치)

경제지표를 읽는 시간(강두언)

부는 어디에서 오는가(월러스 와틀스)

보도섀퍼 부의 레버리지 / 머니 파워 / 이기는 습관 (보도 섀퍼)

삶에 필요한 재테크 쉽게 배우는 금융지식(전의진)

사장학 개론(김승호)

경제의 질문들(김경곤)

경제학 레시피(장하준)

장사의 신(우노 다카시)

1퍼센트 부자의 법칙(사이토 히토리)

돈을 찍어내는 제왕, 연준(크리스토퍼 레너드)

생각하는 대로 해내는 시간 연금술사(미야자키 신지)

역행자(자청)

부자의 그릇(이즈미 마사토)

나는 4시간만 일한다(팀 페리스)

거장의 경매수첩(심완보)

돈의 역사는 되풀이 된다(홍춘욱)

위대한 경제학 고전 30권을 1권으로 읽는 책(홍기훈)

경제에 관해 생각하는 방법 입문(페어 L. 바일런드)

사례로 보는 IRP 인출시 세금(김진나)

나는 연금 최적화로 매일 남들보다 연금을 3배나 더 받는다(황재수)

이것은 빠른 경제적 자유를 위한 책(이의석)

돈 되는 투자 시스템 만드는 법(반K.타프)

1%를 읽는 힘(메르)

불멸의 지혜(월러스 델로이드 와틀스)

초수익 모멘텀 투자(마크 미너비니)

부의 세계사(윌리엄 번스타인)

마법의 연금 굴리기(김성일)

사는 동안 한 번은 팔아봐라(서과장)

돈이 되는 말의 법칙(간다 마사노리)

더 그레이트 비트코인(오태민)

올웨더 투자법(판교불패)

오십에 읽는 논어(최종엽)

행복(법륜)

가장 넓은 길은 언제나 내 마음속에 (양광모)

올레 감수광(강민철)

동해(이상)

인생에서 가장 후회되는게 뭐냐고 묻는다면(노우티)

오십부터 시작하는 나이공부(루시 폴록)

66일 인문학 대화법(김종원)

설득의 심리학(로버트 치알디니)

내가 알고 있는 걸 당신도 알게 된다면(칼 필레머)

사피엔스/ 21세기를 위한 21가지 제언(유발하라리)

인스타 브레인(안데르스 한센)

돌이킬 수 없는 약속(야쿠마루 가쿠)

영화는 두 번 시작된다(이동진)

헤어질 결심 각본(정서경/박찬욱)

여덟 건의 완벽한 살인 / 살려 마땅한 사람들(피터 스완슨)

방주(유키 하루오)

스위칭(한성교)

형사 박미옥(박미옥)

사슴(백석)

헤아림의 조각들(임지은)

맡겨진 소녀(클레어 키건)

세상의 마지막 기차역(무라세 다케시)

사랑을 담아(에이미 블룸)

당신의 남자를 죽여드립니다(엘 코시마노)

신의 숨겨진 얼굴(후지사키 쇼)

지금과 다른 삶이 가능하다면(폴커 키츠)

인생의 역사(신형철)

달팽이는 뒤로 가지 않는다(김귀자)

일하는 당신을 위한 최고의 수면법(스미야 료)

잠 못들 정도로 재미있는 이야기 : 자율신경계(고바야시 히로유키)

시간 연금술사(미야자키 신지)

미움받을 용기(기시미 이치로)

암컷들(루시 쿡)

그들은 왜 최후의 승자가 되지 못했나(한순구)

작별하지 않는다(한강)

왜 일하는가(이나모리 가즈오)

그리스인 조르바(니코스 카잔차키스)

국가란 무엇인가 / 나의 한국 현대사 / 거꾸로 읽는 세계사(유시민)

지식편의점 : 고학, 신을 꿈꾸는 인간 편(이시한)

김미경의 마흔수업(김미경)

성은이 냥극하옵니다(백승화)

대담한 작전(유발 하라리)

초예측(오노가즈모토 엮음 / 유발 하라리, 제레드 다이아몬드, 닉 보스트롬, 린다 그래튼, 다니엘 코엔, 조앤 윌리엄스, 넬 페인터, 윌리엄 페리 지음)

사람은 생각하는 대로 된다(얼 나이팅게일)

오십에 읽는 주역(강기진)

세상에서 가장 긴 행복 탐구 보고서(로버트 월딩거·마크 슐츠)

쇼펜하우어의 인생 수업(쇼펜하우어)

인피니트 게임(사이먼 시넥)

원하고 바라옵건대(김보영 外)

복수의 협주곡 / 테미스의 검(나카야마 시치리)

꽃이 그늘을 아파하랴 / 가장 넓은 길은 언제나 내 마음속에(양광모)

지적인 어른을 위한 최소한의 교양수업(사이토 다카시)

출근길 심리학(반유화)

결국 원하는 것을 얻는 사람들의 비밀(조이 챈스)

찌그러져도 동그라미입니다 (김창완)
발룬티코노미스트 제주 해녀의 푸르른 삶을 그리다 (한익종)
돈버는 방법에 관한 이야기 (고명환)
김병완의 책쓰기 혁명 / 독자를 유혹하는 책쓰기 (김병완)
부를 부르는 50억 독서법 (최성락)
언어를 디자인하라 (유영만)
마음을 사로잡는 말센스의 비밀 (장차오)
우리말 어감사전 (안상순)
감정문해력 수업 (유승민)
인간은 어떻게 인식하고 소통하는가 (서울교육방송)
하필 책이 좋아서 (김동신_신연선_정세랑)
걸음이 모여 문장이 된다 (박종민)
멘토왈 (김효용)

대한민국의 월급쟁이들을 응원합니다!